Valentino Armani

Das Erste Italienische Lesebuch für Anfänger
Band 2

Stufe A2 Zweisprachig mit Italienisch-deutscher Übersetzung

LANGUAGE
PRACTICE
PUBLISHING

Impressum

Das Erste Italienische Lesebuch für Anfänger, Band 2
von Valentino Armani

Audiodateien: www.lppbooks.com/Italian/FIRv2/

Homepage: www.audiolego.com

Umschlaggestaltung: Audiolego Design
Korrektur Daniele Giulianelli

Indice
Inhaltsverzeichnis

Wiedergabegeschwindigkeit der Audiodateien

Das Buch ist mit den Audiodateien ausgestattet. Mithilfe von QR-Codes kann man im Handumdrehen eine Audiodatei aufrufen, ohne Webadressen manuell eingeben. Öffnen Sie einfach ihre Kamera-App und halten ihr Smartphone über den gedruckten QR-Code. Ihr Smartphone erkennt was sich hinter dem Code verbirgt und bittet Sie dem eingescannten Audiodateilink zu folgen. Der VLC-Mediaplayer ist die Software, die zur Steuerung der Wiedergabegeschwindigkeit der Audiodateien verwendet werden kann.

Il gatto malato

Der kranke Kater

 **A**

Vocaboli
Vokabeln

1. adesso - jetzt
2. allegro - glücklich
3. altro - anderen
4. alzarsi - aufstehen
5. anche - auch
6. ancora - noch einmal
7. animale domestico, l' - Haustier, das
8. attentamente - genau
9. bene - gut
10. casa, la - Zuhause, das
11. certo, naturalmente - natürlich
12. che - dass
13. chiaro - klar
14. compra - kauft
15. con - mit
16. corre - rennt
17. cosa - was

18. così - so
19. cucina, la - Küche, die
20. da - von
21. davanti - vor
22. del tutto - komplett
23. dice - sagt
24. dopo - später
25. dorme - schläft
26. dovrebbe - sollte
27. due - zwei
28. è - ist
29. e - und
30. egli, lui - er
31. era - war
32. esso - es
33. fa - tut
34. forse - vielleicht
35. fuori - heraus
36. gabbia, la - Käfig, der
37. gatto, il - Kater, der
38. già qui - gleich hier
39. giocare - spielen
40. giocattoli, i - Spielzeuge, die
41. giorno, il - Tag, der
42. grande - groß
43. guardare - sehen, schauen
44. ha - hat
45. il, lo; la - der, die, das
46. in - in
47. in, verso, da - in, nach, zu
48. interessante - interessant
49. io - ich
50. io sono - ich bin
51. là - dort
52. lascerebbe - würde lassen

53. lasciare - lassen
54. loro, a loro - sie, ihnen
55. ma - aber
56. malato - krank
57. mangiare - essen
58. molto - sehr; viel, viele
59. muovere - bewegen
60. negozio, il - Laden, der
61. nessuno, non - kein, nicht
62. non - nicht
63. non è - ist nicht
64. non fa - tut nicht
65. non faccio - tue nicht
66. non si preoccupi - keine Sorge
67. oggi - heute
68. oh - oh
69. osserva - beobachtet
70. parla - spricht
71. passerò - ich werde
   vorbeikommen
72. perché - warum
73. piccolo - klein
74. più interessante - interessanteste
75. poi - dann
76. posto, il - Ort, der
77. preoccupazione, la - Sorge, die
78. prescritti - vorgeschriebenen
79. proprietario, il - Besitzer, der
80. proprio - eigener
81. qualche volta - manchmal
82. quando - wann
83. quasi - beinahe
84. qui, qua - hier
85. rallegrarsi - sich freuen

86. respirando - atmend
87. ricordare - erinnern
88. risponde - antwortet
89. sano - gesund
90. sdraiato - liegend
91. senza - ohne
92. sera, la - Abend, der
93. settimana, la - Woche, die
94. sguardo, lo - Blick, der
95. solo - nur, gerade
96. sono - sind
97. sorpreso - überrascht
98. strano - seltsam
99. su; presso; da, verso, in - auf, bei, zu
100. successo - passiert
101. suo - sein, ihr
102. suppone - nimmt an
103. telefona - ruft an
104. topi, i - Ratten, die
105. topo, il - Maus, die
106. triste - traurig
107. tu, Lei - du, Sie
108. tutti - alle
109. tutto - alles; ganz
110. un, uno - ein
111. va - geht
112. vaccinazioni, le - Impfungen, die
113. vedere - sehen
114. venditore, il - Verkäufer, der
115. venire - kommen
116. verità, la - Wahrheit, die
117. verso il basso - nach unten

 # B

Il gatto malato

Robert si reca in un negozio di animali. Compra un gattino. È molto contento. Ma una settimana dopo Robert telefona al negozio di animali e dice che il gatto è malato. Non corre e non gioca.

"È strano!" dice il venditore. "Il gatto è del tutto sano. Ha fatto tutte le vaccinazioni

Der kranke Kater

Robert geht in eine Tierhandlung. Er kauft einen kleinen Kater. Er freut sich sehr. Aber eine Woche später ruft Robert die Tierhandlung an und sagt, dass der Kater krank sei. Er renne nicht und spiele nicht.

„Das ist seltsam!", sagt der Verkäufer. „Der Kater ist komplett gesund. Er hat alle vorgeschriebenen Impfungen

prescritte! Ricordo bene che era un gatto allegro".

"Anche io sono molto sorpreso!" dice Robert. "Ma adesso rimane tutto il giorno sdraiato solo in un posto e si muove a malapena".

"Forse dorme molto?" suppone il proprietario del negozio.

"No, non dorme", risponde triste Robert. "Se ne sta solo stravaccato e non si muove. Solo ogni tanto viene in cucina per mangiare. Ma poi si sdraia nuovamente e non si alza".

Il proprietario del negozio si accorge che Robert è molto triste.

"Non si preoccupi. Oggi passerò da lei e controllerò che cosa è successo al gatto", dice.

La sera arriva a casa da Robert e osserva il gatto. Vede che Robert dice la verità. Il

bekommen! Ich kann mich gut daran erinnern, was für ein fröhlicher Kater er war."

„Ich bin auch sehr überrascht!", sagt Robert. „Aber jetzt liegt er den ganzen Tag nur an einem Ort und bewegt sich kaum."

„Vielleicht schläft er viel?", nimmt der Besitzer der Tierhandlung an.

„Nein, er schläft nicht", antwortet Robert traurig. „Er liegt nur herum und bewegt sich nicht. Er kommt nur manchmal in die Küche um zu fressen. Aber dann legt er sich wieder hin und steht nicht auf."

Der Besitzer der Tierhandlung merkt, dass Robert sehr traurig ist.

„Keine Sorge. Ich werde heute bei Ihnen vorbeikommen und werde nachsehen, was mit dem Kater passiert ist", sagt er.

Er kommt am Abend zu Robert nach Hause und sieht sich den Kater an. Er sieht, dass Robert die Wahrheit sagt. Der Kater rennt nicht

gatto non corre e non gioca. Se ne sta solo stravaccato e si muove appena... e davanti a lui c'è una grande gabbia con due topi - gli altri animali domestici di Robert. Il gatto rimane disteso e respira appena - osserva attentamente i topi, senza staccare lo sguardo da loro.

"Oh", dice il propretario del negozio di animali. "Certo, adesso è tutto chiaro. Perché dovrebbe correre in giro se il giocattolo più interessante è già qui? Quale gatto lascerebbe volontariamente un topo da solo?"

und spielt nicht. Er liegt nur herum und bewegt sich kaum... und vor ihm steht ein großer Käfig mit zwei Ratten - Roberts anderen Haustieren. Der Kater liegt am Boden und atmet kaum - er beobachtet die Ratten ganz genau, ohne seinen Blick von ihnen zu wenden.

„Oh", sagt der Besitzer der Tierhandlung. „Jetzt ist natürlich alles klar. Warum sollte er herumrennen und spielen, wenn das interessanteste Spielzeug gleich hier ist? Welcher Kater würde freiwillig eine Maus alleine lassen?"

Die Audiodatei

Il criceto si salvò da solo

Der Hamster rettete sich selbst

 **A**

Vocaboli

Vokabeln

1. a lei dispiace, le dispiace - es tut ihr leid
2. a me, me - mir, mich
3. abbraccia - umarmt
4. acqua, l' - Wasser, das
5. acquario, l' - Aquarium, das
6. aiutare - helfen
7. allegra - fröhlich
8. amici, gli - Freunde, die
9. anche - auch
10. ancora - immer noch
11. animale, l' - Tier, das
12. arriva, viene - kommt
13. attiva, attivo - aktiv
14. avere - haben
15. avere paura - Angst haben
16. beve - trinkt
17. bevendo - trinkend
18. buono - gut
19. casa, la - Haus, das

20. caso, il - Fall, der
21. ciao - hallo
22. ciotola per bere, la - Trinkschale, die
23. come - wie
24. comprare - kaufen
25. conosciuto, noto - bekannt
26. corsa, la; correre, il - Laufen, das
27. criceto, il - Hamster, der
28. da, presso, a - bei, an
29. davvero - wirklich
30. di Anna - Anns
31. di Robert - Roberts
32. di, riguardo a, su - über
33. dolci, i - Süßigkeiten, die
34. dorme - schläft
35. dormendo - schlafend
36. dormire - schlafen
37. esattamente - genau
38. fa una visita, visita, va a trovare - besucht
39. fare male - weh tun
40. fare volentieri qualcosa - gerne etwas tun
41. fiori, i - Blumen, die
42. fissa - starrt
43. frutti, i; - Früchte, die
44. fuori - draußen
45. già - schon
46. ho bisogno di - brauche
47. in comune - gemeinsam
48. in un istante, subito - sofort
49. in, dentro - in
50. inizia - beginnt
51. lei - sie
52. lei, a lei - sie, ihr
53. letto, il - Bett, das
54. lui, lo; a lui, gli - ihn, ihm
55. malato - krank
56. mattino, il - Morgen, der
57. meglio - besser
58. mia - meine
59. migliorare - aufhellen
60. molto - viel
61. mostra - zeigt
62. noi - wir
63. normalmente - normalerweise
64. nostri - unsere
65. notte, la - Nacht, die
66. nuovo - neu
67. o, oppure - oder
68. offrire, proporre - anbieten
69. ogni - jeden
70. osserva - schaut an
71. pensa - denkt
72. per - für
73. però - jedoch
74. persino, perfino - sogar
75. pesce, il - Fisch, der
76. piacere, amare - gerne haben
77. porta - bringt
78. potere - können
79. qualcosa, un po' - etwas
80. questa - diese
81. questi - diese
82. racconta - erzählt
83. regalare - schenken
84. regali, i - Geschenke, die

85. regalo, il - Geschenk, das
86. ridendo - lachend
87. ridono - lachen
88. rumoroso, chiassoso - laut
89. ruota per correre - Laufrad, das
90. sa - weiß
91. salvato - gerettet
92. salve - hallo
93. scaccia - verjagt
94. se stessa - sich
95. sembra - es scheint
96. sempre - immer
97. sente - fühlt
98. si accorge, capisce - merkt
99. si chiama - heißt
100. si pulisce - putzt sich
101. si siede - setzt sich
102. si sveglia - wacht auf
103. si, a se stesso - sich
104. silenzioso - leise
105. smettere - aufhören

106. sono - bin
107. sorprendere - überraschen
108. sorride - lächelt
109. spero - hoffe
110. sta seduto, siede - sitzt
111. stanza, la - Zimmer, das
112. storia, la - Geschichte, die
113. tardi - spät
114. tu sei; Lei è (forma cortese) - du bist, Sie sind
115. tuo - dein
116. umore, l' - Stimmung, die
117. un, uno - ein
118. vede - sieht
119. via - weg
120. viene fuori, esce - kommt aus
121. visita - besucht
122. volere - wollen
123. vorrei comprare - ich würde gerne kaufen
124. vuole - will

B

Il criceto si salvò da solo

Ann, l'amica di Robert, è malata. Robert le fa visita ogni giorno. Qualche volta le porta dei regali. Normalmente le porta dei fiori, della frutta o dei dolci. Ma oggi desidera farle una

Der Hamster rettete sich selbst

Roberts Freundin Ann ist krank. Robert besucht Ann jeden Tag. Manchmal bringt Robert ihr Geschenke. Normalerweise bringt er ihr Blumen, Früchte oder Süßigkeiten. Aber heute möchte er

sorpresa. Robert sa che Ann ama molto gli animali. Ann ha già un gatto che si chiama Tom. Però, normalmente Tom sta fuori. E Robert vuole regalare a Ann un animale che stia sempre in casa. Robert va in un negozio di animali.

"Salve", dice Robert a un commesso nel negozio di animali.

"Salve", risponde il commesso, "come posso autarla?"

"Vorrei acquistare un animale per la mia amica", dice Robert. Il commesso ci pensa su.

"Le posso proporre un acquario con i pesci", dice. Robert guarda l'acquario con i pesci.

"No. Un pesce è troppo silenzioso, e Ann è allegra e attiva", risponde Robert. Il commesso sorride.

sie überraschen. Robert weiß, dass Ann Tiere sehr gerne hat. Ann hat bereits einen Kater, der Tom heißt. Tom ist jedoch normalerweise draußen. Und Robert möchte Ann ein Tier schenken, dass immer zu Hause ist. Robert geht in eine Tierhandlung.

„Hallo", sagt Robert zu einem Verkäufer in der Tierhandlung.

„Hallo", antwortet der Verkäufer, „wie kann ich Ihnen helfen?"

„Ich würde gerne ein Tier für meine Freundin kaufen", sagt Robert. Der Verkäufer denkt nach.

„Ich kann Ihnen ein Aquarium mit Fischen anbieten", sagt der Verkäufer. Robert schaut das Aquarium mit den Fischen an.

„Nein. Ein Fisch ist zu leise, und Ann ist fröhlich und aktiv", antwortet Robert. Der Verkäufer lächelt.

"In questo caso la sua amica sarà felice di questo animale", dice il commesso mostrando un piccolo criceto. Robert sorride.

"Ha ragione", dice Robert, "questo è esattamente ciò di cui ho bisogno!"

Robert compra due criceti. Compra anche una gabbia. Nella gabbia per criceti c'è tutto - una ciotola per bere, una ruota per correre e persino un posticino per dormire.

La sera Robert va da Ann.

"Ciao Ann", dice Robert. "Come stai?"

"Ciao Robert", risponde Ann. "Oggi sto già molto meglio".

"Ann, desidero davvero tirare su il tuo umore", dice Robert. "Spero ti piaccia questo regalo".

Ann guarda sorpresa Robert. Robert mostra a Ann la gabbia con i criceti. Ann inizia a ridere, ed abbraccia Robert.

„In diesem Fall wird sich Ihre Freundin über dieses Tier freuen", sagt der Verkäufer und zeigt einen kleinen Hamster. Robert lächelt.

„Sie haben recht", sagt Robert, „das ist genau was ich brauche!"

Robert kauft zwei Hamster. Er kauft auch einen Käfig. Im Hamsterkäfig gibt es alles - eine Trinkschale, ein Rad zum Laufen, und sogar einen kleinen Schlafplatz.

Am Abend geht Robert zu Ann.

„Hallo Ann", sagt Robert. „Wie geht es dir?"

„Hallo Robert", antwortet Ann. „Heute geht es mir schon viel besser."

„Ann, ich möchte wirklich gerne deine Stimmung aufhellen", sagt Robert. „Ich hoffe, du magst dieses Geschenk."

Ann sieht Robert überrascht an. Robert zeigt Ann den Käfig mit den Hamstern. Ann beginnt zu lachen.

"Grazie Robert! Mi piacciono molto i criceti. A volte ho l'impressione che io e te abbiamo qualcosa in comune", dice Ann. Pure Robert ride. In tarda serata Robert va a casa. Ann va a letto. Il gatto Tom va in camera di Ann.

"Tom, presentati. Questi sono i nostri nuovi amici - i criceti Willy e Dolly", racconta Ann al gatto. Tom si siede accanto alla gabbia e fissa i criceti. Dolly dorme già e Willy corre nella ruota.

"Tom, non fare del male ai nostri nuovi amici! Dormite bene", dice Ann. E va a dormire.

L'indomani mattina, Ann si sveglia e vede che Tom è seduto accanto alla gabbia. Dolly si pulisce e Willy corre sempre nella ruota. Ann capisce che il gatto è rimasto seduto per tutta la notte accanto alla gabbia ad osservare Willy. E Willy ha

Sie umarmt Robert.

„Danke, Robert! Ich mag Hamster sehr. Manchmal habe ich das Gefühl, dass wir etwas gemeinsam haben", sagt Ann. Robert lacht auch. Spät am Abend geht Robert nach Hause. Ann geht zu Bett. Der Kater Tom kommt in Anns Zimmer.

„Tom, mach dich bekannt. Das sind unsere neuen Freunde - die Hamster Willy und Dolly", erzählt Ann dem Kater. Tom setzt sich neben den Käfig und starrt die Hamster an. Dolly schläft bereits und Willy rennt im Laufrad.

„Tom, tu unseren neuen Freunden nicht weh. Schlaft gut", sagt Ann. Ann geht schlafen.

Am nächsten Morgen wacht Ann auf und sieht, dass Tom neben dem Käfig sitzt. Dolly putzt sich und Willy rennt immer noch im Laufrad. Ann merkt, dass der Kater die ganze Nacht bei dem Käfig gesessen ist und Willy beobachtet hat. Und Willy hatte Angst

avuto paura di smettere di correre. Ann si dispiace per Willy. Scaccia Tom dalla gabbia. Willy esce dalla ruota e va nella ciotola a bere. Dopodiché il criceto crolla in un istante e si addormenta. Dorme per tutto il giorno. La sera viene Robert e Ann gli racconta la storia del criceto. Robert e Ann ridono forte. Il criceto Willy si sveglia e li fissa.

aufzuhören zu rennen. Willy tut Ann leid. Sie verjagt Tom vom Käfig. Willy kommt aus dem Laufrad, geht zur Trinkschale und trinkt. Der Hamster fällt sofort danach um und schläft ein. Er schläft den ganzen Tag. Am Abend kommt Robert und Ann erzählt ihm die Geschichte vom Hamster. Robert und Ann lachen laut. Der Hamster Willy wacht auf und starrt sie an.

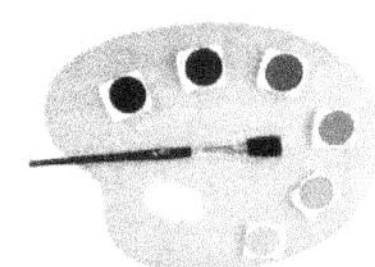

3

Un salvatore

Ein Retter

 **A**

Vocaboli

Vokabeln

1. ad un altro - einem anderen
2. albero, l' - Baum, der
3. alcuni - einige
4. ama - liebt
5. amico, l' - Freund, der
6. andare a passeggio con il cane - mit dem Hund Gassi gehen
7. animali domestici, gli - Haustiere, die
8. attacca - attackiert
9. camminando, passeggiando - gehend, spazierend
10. cane, il - Hund, der
11. capisce - versteht
12. chiama - nennt
13. chiede - fragt
14. college, il - College, das
15. come - wie
16. coraggioso - tapfere
17. corre - rennt
18. del suo gatto - seines Katers
19. delicatamente - leise
20. dimentica - vergisst
21. dopo - nach
22. fare jogging - joggen
23. ferocemente - wild

24. fossi, saresti - wärst
25. furioso - wütend
26. ghepardo, il - Gepard, der
27. guinzaglio, il - Leine, die
28. gustoso, appetitoso - lecker
29. ha bisogno di - braucht
30. i loro - ihr, ihre
31. inclinato - geneigt
32. incontrare - treffen
33. indietro - zurück
34. lato, il - Seite, die
35. mangime, il; cibo, il - Futter, das
36. mattino, il - Morgen, der
37. mi scusi - Entschuldigen Sie
38. momento, il - Moment, der
39. mordere - beißen
40. nei dintorni, nelle vicinanze - in der Nachbarschaft
41. nome, il - Name, der
42. non riesce - kann nicht
43. osserva - beobachtet
44. parco, il - Park, der
45. parente, il - Verwandte, der
46. più vicino - nächsten
47. primo - ersten
48. problema, il - Problem, das
49. proprietari, i - Besitzer, die
50. ragazza, la - Mädchen, das
51. ramo, il - Ast, der
52. ringhia - knurrt
53. ringhiare, il - Knurren, das
54. salta - springt
55. salvatore, il - Retter, der
56. se - wenn
57. si arrampica - klettert
58. si chiama - heißt
59. succede - passiert
60. suo - sein
61. supermercato, il - Supermarkt, der
62. tempo, il (cronologico) - Zeit, die
63. tenere - halten
64. testa, la - Kopf, der
65. ti prendi cura di - kümmerst
66. urla - schreit
67. velocemente - schnell
68. velocità, la - Geschwindigkeit, die
69. verso - zu

B

Un salvatore

Anche David, l'amico di Robert, ha un gatto. Lui gli vuole molto bene. Il nome del suo gatto

Ein Retter

Roberts Freund David hat auch einen Kater. Er liebt seinen Kater sehr. Der Name seines Kater ist

è Marte. Ma David lo chiama "Buddy". Dopo il college David va tutti i giorni al supermercato a comprare del cibo appetitoso per il gatto. Un giorno Robert dice a David: "Ti prendi cura del tuo gatto come se fosse un tuo parente".

David ride e gli racconta la sua storia. Ogni mattina David va a fare jogging nel parco del suo quartiere / nelle vicinanze. A quell'ora i proprietari vanno a passeggio con i loro animali domestici. Una volta David vede correre verso di lui una ragazzina che ha al guinzaglio un grosso cane.

"Signore, signore!" urla la ragazza. David pensa che la ragazza abbia un problema e che abbia bisogno di aiuto. Cammina velocemente per andare incontro alla ragazza con il cane.

"Cos'è successo?" chiede David. La ragazza e il cane

Mars. David nennt ihn „Buddy". David geht jeden Tag nach dem College in den Supermarkt, um leckeres Futter für den Kater zu kaufen. An einem Tag sagt Robert zu David: „Du kümmerst dich um deinen Kater, als ob du mit ihm verwandt wärst."

David lächelt und erzählt ihm seine Geschichte. Jeden Morgen geht David im Park in der Nachbarschaft joggen. Zu dieser Zeit gehen die Haustierbesitzer mit ihren Haustieren im Park Gassi. Einmal sieht David ein kleines Mädchen auf ihn zurennen, das einen großen Hund an der Leine hat.

„Herr, Herr!", schreit das Mädchen. David glaubt, dass das Mädchen ein Problem hat und Hilfe braucht. Er geht schnell, um das Mädchen mit dem Hund zu treffen.

„Was ist passiert?" fragt David. Das Mädchen und der Hund

corrono verso David.

"Mi scusi signore, ma il mio cane la morderà immediatamente! Non riesco a fermarlo", dice la ragazza. In un primo momento David non capisce cosa stia succedendo. Ma quando il cane lo aggredisce e gli ringhia feroce, David si mette a correre con la velocità di un ghepardo verso l'albero più vicino. In quel momento dall'albero salta un grosso gatto e si mette a correre al lato. Il cane si dimentica subito di David e insegue ringhiando il gatto. Il gatto corre verso un altro albero e si arrampica su di esso. Il cane salta ringhiando furioso ma non riesce ad acchiappare il gatto sull'albero. Così il gatto si sdraia delicatamente su un ramo e osserva il cane in silenzio e con la testa chinata. Ora quel gatto coraggioso si chiama Marte.

„Entschuldigen Sie, Herr, aber mein Hund wird Sie gleich beißen! Ich kann ihn nicht aufhalten", sagt das Mädchen. Im ersten Moment versteht David nicht, was gerade passiert. Aber als der Hund ihn angreift und wild knurrt, rennt David mit der Geschwindigkeit eines Geparden zum nächsten Baum. In diesem Moment springt ein großer Kater aus dem Baum und rennt auf die Seite. Der Hund vergisst David sofort und jagt knurrend den Kater. Der Kater rennt schnell zu einem anderen Baum und klettert auf ihn. Der Hund springt mit einem wütenden Knurren, aber er kann den Kater im Baum nicht erwischen. Dann legt sich der Kater leise auf einen Ast und beobachtet, mit dem Kopf zur Seite geneigt, still den Hund. Der tapfere Kater heißt jetzt Mars.

4

Die Audiodatei

Una tata con la coda
Ein Kindermädchen mit Schweif

 **A**

Vocaboli
Vokabeln

1. accarezzando - streichelt
2. aiuta - hilft
3. appartamento - Wohnung, die
4. ascensore, l' - Aufzug, der
5. bambino, il - Kind, das
6. capisce - versteht
7. catturi - fängt
8. chiede - bittet
9. coda, la - Schweif, der
10. da qualche parte - irgendwo
11. decimo - zehnte
12. diventa - wird
13. donna, la - Frau, die
14. essere socchiuso - einen Spalt offen stehen
15. fa - macht
16. faccende domestiche, le - Hausarbeit, die

17. fare - machen
18. figlio, il - Sohn, der
19. gioca - spielt
20. giovane - jung
21. inoltre - außerdem
22. irrequieto - unruhig
23. lascia - lässt
24. mai - nie
25. miagola - miaut
26. nota - bemerkt
27. pavimento, il - Boden, der
28. pensa - glaubt
29. piacere, il - Vergnügen, das
30. piccolo - kleines
31. più grasso - dicker

32. porta, la - Tür, die
33. pranzo - Mittagessen, das
34. prende - nimmt
35. salotto, il -Wohnzimmer, das
36. scale, le - Stiegen, die
37. sebbene - obwohl
38. sofà, il - Sofa, das
39. topi, i - Mäuse, die
40. torna - kommt zurück
41. tranquillo - ruhig
42. ubbidiente - gehorsam
43. uccelli, gli - Vögel, die
44. ultimamente - in letzter Zeit
45. usa - benutzt
46. vive - lebt

 **B**

Una tata con la coda

Il gatto Marte è molto ubbidiente e tranquillo, sebbene utimamente corra sempre da qualche parte. David nota che Marte diventa ogni giorno più grasso. David pensa che il gatto catturi uccelli e topi. Un giorno David torna a casa; lui vive al decimo piano ma non usa mai l'ascensore. Salendo le scale vede che la porta dell'appartamento accanto è

Ein Kindermädchen mit Schweif

Der Kater Mars ist sehr gehorsam und ruhig, obwohl er in letzter Zeit immer irgendwo hinrennt. David bemerkt, dass Mars jeden Tag dicker wird. David glaubt, dass der Kater Vögel und Mäuse fängt. Eines Tages kommt David nach Hause; er lebt im zehnten Stock, aber benutzt nie den Aufzug. Er geht die Treppe hinauf und sieht, dass die Tür zur

socchiusa. David vede una giovane donna che lava il pavimento del salotto. David la conosce. Si chiama Maria. Un bambino piccolo è seduto sul divano del salotto e sta accarezzando Marte, il gatto. Marte miagola di piacere.

"Buonasera, Maria. Mi scusi, cosa ci fa il mio gatto nel suo appartamento?" domanda David alla donna.

"Buonasera, David. Sa, il mio bambino è molto irrequieto. Non mi fa fare le faccende domestiche. Mio figlio mi chiede sempre di giocare con lui. Il suo gatto mi aiuta. Gioca con mio figlio", risponde Maria. David ride.

"Inoltre riceve sempre un appetitoso pranzo da me!" dice la donna. David ora capisce per quale motivo il suo gatto diventa ogni giorno più grasso.

Nachbarwohnung einen Spalt offen steht. David sieht eine junge Frau, die den Boden des Wohnzimmers aufwäscht. David kennt sie. Ihr Name ist Maria. Ein kleines Kind sitzt gerade auf dem Sofa im Wohnzimmer und streichelt den Kater Mars. Mars miaut mit Vergnügen.

„Guten Abend, Maria. Entschuldigen Sie bitte, was macht mein Kater in Ihrer Wohnung?", fragt David die Frau.

„Guten Tag, David. Wissen Sie, mein Kind ist sehr unruhig. Es lässt mich nicht die Hausarbeit machen. Mein Sohn bittet mich immer, mit ihm zu spielen. Ihr Kater hilft mir. Er spielt mit meinem Sohn", antwortet Maria. David lacht.

„Außerdem bekommt er immer ein leckeres Mittagessen von mir!", sagt die Frau. David versteht jetzt, warum sein Kater jeden Tag dicker und dicker wird.

5

Un gatto parlante
Ein sprechender Kater

A

Vocaboli
Vokabeln

1. addormentarsi - einschlafen
2. ama - liebt, hat gerne
3. amabile, gentile - nett
4. andare - gehen
5. angolo, l' - Ecke, die
6. anziana - alt
7. assumere - einstellen
8. attentamente - aufmerksam
9. bambini, i - Kinder, die
10. bambola, la / bambolotto, il - Puppe, die
11. che chiede - fordernde
12. che parla, parlante - sprechend
13. chiede - fordert
14. convince - überzeugt
15. dà - gibt
16. dar da mangiare - füttern
17. decide - entscheidet
18. distintamente, chiaramente - deutlich
19. dubitare - zweifeln
20. è così - das ist, so
21. fino - bis

22. frase, la - Satz, der
23. giocato - gespielt
24. impaurita - verängstigte
25. improvvisamente, all'improvviso - plötzlich
26. inizia - beginnt
27. inoltre - zudem
28. intorno - herum
29. lavorare - arbeiten
30. letto per le bambole, il - Puppenbett, das
31. loro - sie
32. mente, la - Verstand, der
33. mentre - während
34. nessuno - niemand
35. non più - nicht mehr
36. parla - spricht
37. parlare - sprechen
38. preme, pigia - drückt
39. presto - bald
40. primo - ersten
41. proprio - direkt
42. prudenza, la - Vorsicht, die
43. qualcuno - jemandem
44. rimane - bleibt
45. ripete - wiederholt
46. salta - springt
47. scontento - unzufrieden
48. sente - hört
49. sentono - hören
50. si fa il segno della croce - bekreuzigt
51. si spaventa - bekommt Angst
52. soddisfatto, contento - zufriedene
53. sogno, il - Traum, der
54. sta sdraiato - liegt
55. stanca - müde
56. stesso - gleichen
57. tata, la - Kindermädchen, das
58. tenere sott'occhio - in den Augen behalten
59. tiene - behält
60. tono, suono - Ton, der
61. umano - menschlich
62. vede - sieht
63. vero - wahr
64. viene sentito - wird gehört
65. voce, la - Stimme, die
66. volta, gira - dreht

B

Un gatto parlante

Un giorno Maria decide di assumere una tata per suo figlio. La nuova tata è un'adorabile anziana signora.

Ein sprechender Kater

Eines Tages entscheidet sich Maria ein Kindermädchen für ihr Kind einzustellen. Das neue Kindermädchen ist eine nette alte

Lei ama molto i bambini. Il primo giorno in cui lavora da Maria, la tata rimane a casa con il bimbo. Solo il gatto Marte è con loro. Dopo che sono andati a passeggio ed hanno giocato, la tata mette il bimbo a letto. È stanca e decide di andare a dormire anche lei. Ma non appena inzia ad addormentarsi all'improvviso qualcuno in un angolo della stanza dice ad alta voce: "Dammi da mangiare!" La tata balza in piedi stupita. Si guarda intorno - ma non c'è nessuno. Solo Marte, il gatto, sta sdraiato nell'angolo su di un letto per bambole. Il gatto Marte guarda la tata scontento. La tata si convince d'aver solo sognato e vuole tornare a dormire. Ma dallo stesso angolo sente distintamente: "Voglio mangiare!" La tata si volta - il gatto guarda attentamente e con aria scontenta proprio nella sua direzione. La vecchina si

Frau. Sie hat Kinder sehr gerne. Am ersten Tag, an dem sie bei Maria arbeitet, bleibt das Kindermädchen bei dem Kind zu Hause. Nur der Kater Mars ist bei ihnen. Nachdem sie spazieren waren und gespielt haben, bringt das Kindermädchen das Kind ins Bett. Sie ist müde und beschließt auch schlafen zu gehen. Aber sobald sie beginnt einzuschlafen, sagt plötzlich jemand laut in einer Ecke des Zimmers: „Füttere mich!" Das Kindermädchen springt überrascht auf. Sie sieht sich um - aber es ist niemand da. Nur der Kater Mars liegt in der Ecke auf einem Puppenbett. Der Kater Mars sieht das Kindermädchen unzufrieden an. Das Kindermädchen beschließt, dass sie nur geträumt hat und will wieder schlafen gehen. Aber aus der gleichen Ecke hört sie wieder deutlich: „Ich möchte essen!" Das Kindermädchen dreht sich um - der Kater schaut aufmerksam und unzufrieden direkt in ihre Richtung.

spaventa. Osserva per un po' il gatto, quando d'improvviso sente nuovamente la sua voce che chiede: "Dammi qualcosa da mangiare!" Lei si fa il segno della croce, per ogni evenienza, e va in cucina. Dà al gatto qualcosa da mangiare. È prudente e tiene sott'occhio il gatto Marte fino a sera. Ma il gatto soddisfatto dorme e non parla più.

Maria torna a casa e la vecchina le racconta con voce impaurita che il gatto parla con voce umana e chiede da mangiare. Maria è molto sorpresa. Inizia a dubitare che la nuova tata sia totalmente sana di mente. Ma la tata la convince che la storia è vera.

"È andata così!" dice la tata. "Qui, in quest'angolo, nel letto per le bambole stava seduto il gatto e mi diceva 'Dammi qualcosa da mangiare'! E lo ha

Die alte Frau bekommt Angst. Sie sieht den Kater eine Zeit lang an, als plötzlich wieder die fordernde Stimme von ihm kommt: „Gib mir etwas zu essen!" Sie bekreuzigt sich, für alle Fälle, und geht in die Küche. Sie gibt dem Kater etwas zu fressen. Sie ist vorsichtig und behält den Kater Mars bis zum Abend in den Augen. Aber der zufriedene Kater schläft und spricht nicht mehr.

Maria kommt am Abend zurück nach Hause und die alte Frau erzählt ihr mit verängstigter Stimme, dass der Kater mit einer menschlichen Stimme spreche und Futter fordere. Maria ist sehr überrascht. Sie beginnt daran zu zweifeln, dass das neue Kindermädchen ganz bei Verstand ist. Aber das Kindermädchen überzeugt sie davon, dass die Geschichte wahr ist.

„So war es!", sagt das Kindermädchen. „Hier in dieser Ecke, im Puppenbett, saß der Kater und sagte zu mir ‚Gib mir etwas zu

anche ripetuto!" disse la tata.

Improvvisamente Maria capisce cosa era successo. Va nel letto per le bambole e prende un bambolotto. Maria pigia la bambola ed entrambe sentono la stessa frase: " Voglio mangiare!"

essen'! Und noch dazu hat er es wiederholt!", sagt das Kindermädchen.

Und plötzlich versteht Maria, was passiert war. Sie geht zum Puppenbett und nimmt eine kleine Puppe heraus. Maria drückt die Puppe und sie hören den gleichen Satz: „Ich möchte essen!"

Die Audiodatei

Un ospite assonnato
Schläfriger Gast

A

Vocaboli
Vokabeln

1. alcuni - einige
2. alla fine - schließlich
3. anni, gli - Jahre, die
4. appunto, l' - Notiz, die
5. assonnato - schläfrig
6. attacca - befestigt
7. autunno, l' - Herbst, der
8. ben nutrito - gut gefüttert
9. centro, il - Mitte, die
10. chi - wer
11. collare, il - Halsband, das
12. cortile, il - Hof, der
13. curioso - neugierig
14. del cane - des Hundes
15. divenne - wurde
16. domani - morgen
17. dormire senza interruzioni - durchschlafen

18. dove, in cui - wo
19. essere - sein
20. esso è - es ist
21. già - schon
22. gialle - gelb
23. giorni, i - Tage, die
24. lentamente - langsam
25. magnifico - hervorragend,
    großartig
26. mazzo, il - Bund, der
27. non sono - sind nicht
28. ospite, l' - Gast, der
29. passeggiata, la - Spaziergang,
    der
30. prendere - nehmen
31. raccogliere - sammeln

32. randagio - streunender
33. rispondere - antworten
34. sa - weiß
35. segue - folgt
36. seguente - folgendem
37. sei - sechs
38. si avvicina a lui, gli si avvicina
    - kommt auf ihn zu
39. studi, gli - Studien, die
40. tempo, il (metereologico) -
    Wetter, das
41. tenta - versucht
42. tre - drei
43. univesità, l' - Universität, die
44. va avanti - geht weiter

B

Un ospite assonnato

Come di consueto Robert,
dopo essere stato all'università,
esce a fare una passeggiata. Il
tempo oggi è bello. Siamo in
pieno Autunno. Robert decide di
raccogliere un mazzo di foglie
gialle. Improvvisamente vede un
vecchio cane arrivare nel cortile.
Sembra molto stanco. Porta un
collare ed è ben nutrito. Così,
Robert immaginò che non fosse

Schläfriger Gast

Wie gewöhnlich geht Robert
draußen spazieren, nachdem er in
der Universität war. Das Wetter ist
heute schön. Es ist mitten im
Herbst. Robert entscheidet sich
einen Bund gelber Blätter zu
sammeln. Plötzlich sieht er einen
alten Hund, der in den Hof kommt.
Er sieht sehr müde aus. Er trägt ein
Halsband und ist gut gefüttert. Also
dachte sich Robert, dass es kein

un cane randagio e che qualcuno si prendesse cura di lui. Il cane si avvicina lentamente a Robert. Robert lo accareza sulla testa. Robert doveva già avviarsi verso casa. Il cane lo segue. Entra in casa; pian piano va nella camera di Robert. Poi si sdraia in un angolo e si addormenta.

Il giorno seguente il cane torna. Va incontro a Robert nel cortile. Poi entra di nuovo in casa e si addormenta nello stesso punto. Dorme per circa tre ore. Poi si sveglia e se ne va.

Va avanti così per alcuni giorni. Alla fine Robert si incuriosisce ed attacca al collare un appunto con il seguente testo: "Mi piacerebbe proprio sapere chi è il proprietario di questo magnifico cane e se sa che il cane viene da me quasi ogni giorno a dormire".

Il giorno seguente il cane torna e al suo collare ha

streunender Hund sei und dass man sich gut um ihn kümmere. Der Hund kommt leise auf Robert zu. Robert streichelt ihn am Kopf. Robert sollte sich schon auf den Heimweg machen. Der Hund folgt ihm. Er geht in das Haus; er geht leise in Roberts Zimmer. Dann legt er sich in eine Ecke und schläft ein.

Am nächsten Tag kommt der Hund wieder. Er kommt Robert im Hof entgegen. Dann geht er wieder in das Haus und schläft am gleichen Platz ein. Er schläft ungefähr drei Stunden lang. Dann steht er auf und geht weg.

Das geht einige Tage so weiter. Schließlich wird Robert neugierig und befestigt eine Notiz mit folgendem Text am Hundehalsband: „Ich würde sehr gerne wissen, wer der Besitzer dieses hervorragenden Hundes ist, und, ob er weiß, dass der Hund beinahe jeden Tag zu mir kommt, um zu schlafen."

Am nächsten Tag kommt der

attaccata la seguente risposta:
"Il cane vive in una casa in cui ci
sono sei bambini, due dei quali
non hanno nemmeno tre anni.
Cerca solo un posto per dormire
senza interruzioni. Posso venire
anch'io domani a dormire da
lei?"

Hund wieder und hat die folgende
Antwort an seinem Halsband
befestigt: „Er lebt in einem Haus, in
dem es sechs Kinder gibt, und zwei
davon sind noch keine drei Jahre
alt. Er versucht nur irgendwo
durchzuschlafen. Kann ich morgen
auch zu Ihnen kommen?"

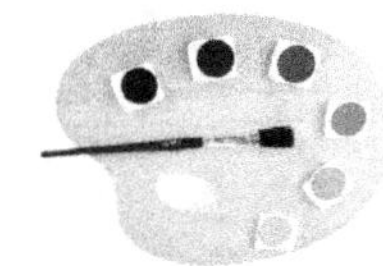

Die Audiodatei

Non è colpa del cane
Der Hund ist nicht schuld

 **A**

Vocaboli
Vokabeln

1. abbaia - bellt
2. abbaiava - bellte
3. anno, l' - Jahr, das
4. architetto, l' - Architekt, der
5. attraverso - durch
6. biblioteca, la - Bibliothek, die
7. bosco, il - Wald, der
8. caffè, il; bar, il - Café, das
9. cantando - singend
10. cantano - singen
11. chiudono - sperren
12. ci, a noi - uns
13. ciò nonostante - trotzdem
14. colpevole - schuldig, schuld
15. con - mit
16. contento - fröhlich
17. ditta, la; impresa, l' - Firma, die
18. domenica, la - Sonntag, der
19. eccitati - aufgeregt
20. edificio, l' - Bau, der
21. famiglia, la - Familie, die

22. fare la guardia, badare a -
    aufpassen
23. finestra, la ; finestrino, il -
    Fenster, das
24. fungo, il - Pilz, der
25. guida - fährt
26. impresa di costruzioni, l' -
    Baufirma, die
27. lavora - arbeitet
28. macchina, la; auto, l' - Auto,
    das
29. madre, la - Mutter, die
30. mamma, la - Mama, die
31. mancare, essere privo di -
    fehlen
32. marito, il - Ehemann, der
33. medio - mittlere
34. membri, i - Mitglieder, die
35. musica, la - Musik, die
36. ore, le - Stunden, die
37. otto - acht
38. panieri, i; cesti, i - Körbe, die
39. pende - hängt
40. più giovane, minore - jünger
41. raccogliere - sammeln
42. ricevere - bekommen
43. rimanere, stare, restare -
    bleiben
44. rubate - gestohlen
45. scuola, la - Schule, die
46. segretario, il; segretaria, la -
    Sekretär/in, der/die
47. sente la mancanza di -
    vermisst
48. si avvicinano - kommen
    näher
49. sole, il - Sonne, die
50. sorella, la - Schwester, die
51. splende - scheint
52. sposati - verheiratet
53. stato - gewesen
54. trovato - gefunden
55. tutti - alle
56. un anno fa - vor einem Jahr

B

Non è colpa del cane

Dopo il college David va in biblioteca. La sera incontra gli amici in un caffè. La sorella minore di David, Nancy, ha già otto anni. Lei va a scuola. Linda, la mamma di David, lavora come

Der Hund ist nicht schuld

David geht nach dem College in die Bibliothek. Abends trifft er seine Freunde in einem Café. Davids jüngere Schwester Nancy ist schon acht Jahre alt. Sie geht in die Schule. Davids Mutter, Linda,

segretaria. Suo marito Christian lavora come architetto in una impresa di costruzioni. Christian e Linda si sono sposati un anno fa. David ha un gatto che si chiama Marte, ed un cane che si chiama Barone.

Oggi è domenica. David, Nancy, Linda, Christian e Barone vanno nel bosco a raccogliere funghi. Guida David. In macchina si ascolta la musica. Il padre e la madre cantano mentre Barone abbaia contento.

Poi la macchina si ferma. Barone salta fuori dalla macchina e corre nel bosco. Salta e gioca.

"Barone, tu devi restare qui", dice David. "Devi fare la guardia alla macchina. E noi andremo nel bosco".

Barone guarda David triste, ma ciò nonostante va in macchina. Lo chiudono nell' auto. La madre, il padre, David e

arbeitet als Sekretärin. Ihr Ehemann Christian arbeitet als Architekt für eine Baufirma. Christian und Linda haben vor einem Jahr geheiratet. David hat einen Kater, der Mars heißt, und einen Hund, der Baron heißt.

Heute ist Sonntag. David, Nancy, Linda, Christian und Baron gehen in den Wald um Pilze zu sammeln. David fährt. Im Auto spielt Musik. Der Vater und die Mutter singen. Baron bellt fröhlich.

Dann bleibt das Auto stehen. Baron springt aus dem Auto und rennt in den Wald. Er springt und spielt.

„Baron, du solltest hier bleiben", sagt David. „Du sollst auf das Auto aufpassen. Und wir werden in den Wald gehen."

Baron sieht David traurig an, aber geht trotzdem zum Auto. Sie sperren ihn ins Auto. Die Mutter, der Vater, David und Nancy nehmen Körbe und gehen Pilze

Nancy prendono i cesti e vanno a raccogliere i funghi. Barone guarda fuori attraverso il finestrino della macchina.

"Meno male che c'è Barone. Lui fa la guardia alla macchina e noi non dobbiamo preoccuparci di nulla", dice il padre.

"Barone è un cane coraggioso", dice David.

"Oggi il tempo è bello", dice la madre.

"Ho trovato il primo fungo!" grida Nancy. Tutti, eccitati, iniziano a raccogliere funghi. Tutti i membri della famiglia sono di ottimo umore. Gli uccelli cantano e il sole splende. David raccoglie solo funghi grandi. La madre ne raccoglie di piccoli e di medi. Il padre e Nancy raccolgono funghi grandi, medi e piccoli. Raccolgono funghi per due ore.

"Dobbiamo tornare alla macchina. Barone starà

sammeln. Baron schaut durch das Autofenster hinaus.

„Es ist gut, dass wir Baron haben. Er passt auf das Auto auf und wir müssen uns keine Sorgen machen", sagt der Vater.

„Baron ist ein mutiger Hund", sagt David.

„Das Wetter ist heute gut", sagt die Mutter.

„Ich habe den ersten Pilz gefunden!", schreit Nancy. Jeder beginnt aufgeregt Pilze zu sammeln. Alle Familienmitglieder sind in einer guten Stimmung. Die Vögel singen, die Sonne scheint. David sammelt nur große Pilze. Die Mutter sammelt kleine und mittlere. Der Vater und Nancy sammeln große, mittlere und kleine Pilze. Sie sammeln zwei Stunden lang Pilze.

„Wir müssen zum Auto zurückgehen. Baron vermisst uns", sagt der Vater. Alle gehen zum

sentendo la nostra mancanza", dice il papà. Vanno tutti alla macchina. Si avvicinano all'auto.

"Ma cos'è?" urla Nancy. Alla macchina mancano le ruote! Le ruote sono state rubate! Il cane siede in auto e guarda la famiglia con gli occhi spaventati. Un biglietto pende dal finestrino: "Non è colpa del cane. Lui ha abbaiato!"

Auto. Sie kommen näher zum Auto.

„Was ist das?" schreit Nancy. Dem Auto fehlen die Räder! Die Räder wurden gestohlen! Der Hund sitzt im Auto und sieht die Familie mit einem verängstigten Blick an. Eine Notiz hängt am Fenster: „Ihr Hund ist nicht schuld. Er hat gebellt!"

8

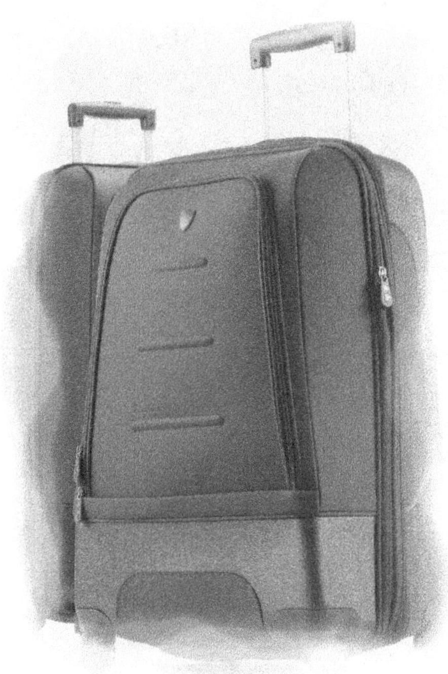

Le valigie
Die Koffer

Vocaboli
Vokabeln

1. accanto - neben
2. accingersi, avviarsi - macht sich auf
3. arrivano - kommen an
4. aveva - hatte
5. bagaglio, il - Gepäck, das
6. banchina della stazione degli autobus, la - Bussteig, der
7. borsa, la - Tasche, die
8. cena, la - Abendessen, das
9. chiamano - rufen
10. città, la - Stadt, die
11. come - wie
12. dovere - sollen
13. estate, l' - Sommer, der
14. fiume, il - Fluss, der

15. insieme - zusammen
16. la verdura - Gemüse, das
17. legge - liest
18. libri, i - Bücher, die
19. lontano, distante - weit
20. mese, il - Monat, der
21. ok, va bene - in Ordnung
22. orto, l'; giardino, il - Garten, der
23. pausa, la - Pause, die
24. pensava - dachte
25. pescare - fischen
26. porta - trägt
27. portare - tragen
28. prese - nahm
29. presenta - stellt vor
30. presto - früh

31. scompartimento, lo; comparto, il - Abteil, das
32. settanta - siebzig
33. sicuro - sicher
34. situazione, la - Situation, die
35. solo, da solo - alleine
36. spiega - erklärt
37. stazione degli autobus, la - Busbahnhof, der
38. storie, le - Geschichten, die
39. taxi, il - Taxi, das
40. tè, il - Tee, der
41. triste - traurig
42. valigie, le - Koffer, die
43. vendere - verkaufen
44. vita, la - Leben, das
45. zio, lo - Onkel, der

 # B

Le valigie

Ogni estate David va a fare visita a suo zio Philippe. Lo zio Philippe vive da solo. Ha settant'anni. Normalmente la mattina presto David e lo zio Philippe vanno al fiume a pescare. Poi David aiuta lo zio Philippe a raccogliere la frutta e la verdura nell'orto. Dopo il pranzo David fa una pausa e

Die Koffer

Jeden Sommer besucht David seinen Onkel Philippe. Onkel Philippe lebt allein. Er ist siebzig Jahre alt. David und Onkel Philippe gehen normalerweise früh am Morgen am Fluss fischen. Dann hilft David Onkel Philippe Obst und Gemüse im Garten zu sammeln. Nach dem Mittagessen macht David eine Pause und liest

legge dei libri. La sera David e lo zio Philippe vanno a vendere la frutta. Poi cenano e parlano. Lo zio Philippe racconta a David alcune storie della sua vita. Di solito David rimane dallo zio Philippe per un mese e poi torna a casa.

Quest'estate David torna a casa con l'autobus. Sull'autous siede accanto ad una ragazza. David fa la conoscenza della ragazza. Il suo nome è Ann. Ann vive nella stessa città di David. Ma Ann vive molto distante da casa di lui. Arrivano in città. David aiuta Ann a prendere il suo bagaglio dal portabagagli. David dà a Ann due valigie. David la aiuta e prende le valigie.

"Ann, ti accompagnerò a casa", dice David.

"Ok. Ma tu vivi molto distante da me", risponde Ann.

"Non fa nulla, poi prendo un taxi", risponde David. È già sera,

Bücher. David und Onkel Philippe gehen am Abend das Obst verkaufen. Dann essen sie zu Abend und reden. Onkel Philippe erzählt David Geschichten aus seinem Leben. Normalerweise bleibt David ein Monat bei Onkel Philippe und fährt danach wieder nach Hause.

David fährt diesen Sommer von Onkel Philippe mit dem Bus nach Hause. Im Bus sitzt er neben einem Mädchen. David lernt das Mädchen kennen. Ihr Name ist Ann. Ann lebt in der gleichen Stadt wie David. Aber Ann lebt weit entfernt von seinem Haus. Sie kommen in der Stadt an. David hilft Ann ihr Gepäck aus dem Gepäckraum zu holen. Man gibt Ann zwei Koffer. David hilft ihr und nimmt die Koffer.

„Ann, ich werde dich nach Hause begleiten", sagt David.

„Ok. Aber du lebst weit entfernt von mir", antwortet Ann.

David ed Ann camminano per la città e parlano. Giungono a casa di Ann. David porta il bagaglio in casa. Ann presenta David a sua madre.

"Mamma, questo è David. David mi ha aiutata a portare il bagaglio", dice Ann.

"Buonasera", dice David.

"Buonasera", risponde la mamma di Ann. "Gradiresti una tazza di tè?"

"No, grazie. Devo andare", dice David. E si accinge ad andare.

"David, non dimenticare le tue valigie", dice la mamma di Ann. David guarda sopreso Ann e sua madre.

"Com'è possibile? Queste non sono le tue valigie?" domanda David a Ann.

"Io credevo che fossero le tue", risponde Ann. Quando Ann ricevette il suo bagaglio dal portabagagli, prese le due valigie.

„Egal, dann nehme ich ein Taxi", antwortet David. Es ist schon abends und David und Ann gehen durch die Stadt und reden. Sie kommen zu Anns Haus. David trägt das Gepäck ins Haus. Ann stellt David ihrer Mutter vor.

„Mama, das ist David. David hat mir geholfen, das Gepäck zu tragen", sagt Ann.

„Guten Abend", sagt David.

„Guten Abend", antwortet Anns Mutter. „Möchtest du etwas Tee?"

„Nein, danke. Ich muss gehen", sagt David. Er macht sich auf um zu gehen.

„David, vergiss deine Koffer nicht", sagt Anns Mutter. David sieht Ann und deren Mutter überrascht an.

„Wie ist das möglich? Sind das nicht deine Koffer?", fragt David Ann.

Ich dachte, das wären deine Koffer", antwortet Ann. Als Ann

David pensava che fossero le valigie di Ann. E Ann pensava che fossero quelle di David.

"E cosa facciamo adesso?" dice David.

"Dovremmo andare alla stazione degli autobus", risponde Ann, "e portare indietro le valigie".

Ann e David chiamano un taxi e vanno alla stazione. Lì vedono sulla banchina della stazione degli autobus due ragazze tristi. David e Ann vanno dalle ragazze.

"Scusate, queste sono le vostre valigie?" chiede David e spiega loro la situazione.

Le ragazze ridono. Erano sicure che qualcuno avesse rubato le loro valigie.

ihr Gepäck aus dem Gepäckraum bekam, nahm sie die zwei Koffer. David dachte, dass es Anns Koffer wären. Und Ann dachte, dass es Davids Koffer wären.

„Was machen wir denn jetzt?", sagt David.

„Wir sollten zum Busbahnhof gehen", antwortet Ann, „und die Koffer zurückbringen."

Ann und David rufen ein Taxi und fahren zum Busbahnhof. Dort sehen sie zwei traurige Mädchen am Bussteig. David und Ann gehen zu den Mädchen.

„Entschuldigung, sind das eure Koffer?", fragt David und erklärt ihnen die ganze Situation.

Die Mädchen lachen. Sie waren sich sicher, dass jemand ihre Koffer gestohlen hatte.

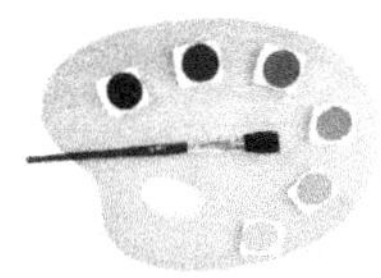

Die Audiodatei

Il professor Leonida
Professor Leonidas

A

Vocaboli
Vokabeln

1. aspetta - wartet
2. audace - gewagten
3. capelli, i - Haar, das
4. colleghi, i - Kollegen, die
5. compito, il - Aufgabe, die
6. con emozione - emotional
7. corrugamento della fronte, il - Stirnrunzeln, das
8. di nascosto - heimlich
9. di rado - selten
10. difficili - schwierig
11. dio, il - Gott, der
12. dito, il - Finger, der
13. domande, le - Fragen, die
14. entrare - betreten

15. facoltà, la ;istituto,l' - Institut, das
16. famoso - berühmt
17. frequentare - besuchen
18. giornalismo, il - Journalismus, der
19. grande - großer
20. Grecia - Griechenland, das
21. imparato - gelernt
22. in silenzio - still
23. indica - zeigt
24. insegna - unterrichtet
25. interrogare - abprüfen
26. lezioni, le - Vorlesungen, die
27. lunghi - lange
28. magnifici - großartige
29. materia d'insegnamento, la - Unterrichtsfach, das
30. nazionale - national
31. neri - schwarz
32. non era - war nicht
33. occhi, gli - Augen, die
34. pensieri, i - Gedanken, die
35. perfetto - perfekt
36. piatto, il; portata, la; ricetta,la - Gericht, das
37. più famosi - berühmteste
38. più forte - am lautesten
39. più importante, centrale - Haupt-
40. preparo - zubereite
41. probabilmente - wahrscheinlich
42. professore, il - Professor, der
43. qualche - einige
44. raccoglie - sammelt
45. re, il - König, der
46. sedia, la - Stuhl, der
47. sentire - fühlen
48. si è innamorata - verliebte sich
49. soffitto, il - Decke, die
50. soprannome, il - Spitzname, der
51. Sparta - Sparta
52. storia, la - Geschichte, die
53. studente, lo; studentessa, la - Student/Studentin, der/die
54. suggerimento, il - Hinweis, der
55. tavolo, il; banco, il; scrivania, la - Tisch, der
56. tentativo, il - Versuch, der
57. test, il - Test, der
58. ti riferisci, vuoi dire - meinst
59. tuttavia - jedoch
60. voti, i - Noten, die
61. Zeus - Zeus

 **B**

Il professor Leonida

David studia al college, frequenta la facoltà di giornalismo. Il professor Leonida insegna alla facoltà di giornalismo. È greco e insegna storia. Il professor Leonida è soprannominato Zeus perché insegna con grande emozione, ha dei magnifici capelli lunghi e grandi occhi neri.

Oggi David ha un test di storia. A lui piace questa materia. Legge molto ed ha sempre ottimi voti.

David entra in classe e prende il compito. Si siede al banco e fa gli esercizi. Le domande non sono difficili. Accanto a David siede Lena. Lena frequenta solo di rado le lezioni del professor Leonida. A Lena non piace la storia. Lei aspetta che sia il suo turno. Poi

Professor Leonidas

David studiert im College, er ist am Institut für Journalismus. Professor Leonidas unterrichtet am Institut für Journalismus. Er ist Grieche und unterrichtet Geschichte. Professor Leonidas hat den Spitznamen Zeus, weil er beim Unterrichten sehr emotional wird, großartige lange Haare und große schwarze Augen hat.

Heute hat David einen Geschichtstest. Er mag das Unterrichtsfach. Er liest viel und bekommt immer gute Noten.

David betritt das Zimmer und nimmt die Testaufgaben. Er setzt sich an den Tisch und macht die Aufgaben. Die Fragen sind nicht schwer. Lena sitzt neben David. Lena kommt nur selten zu den Vorlesungen von Professor Leonidas. Lena mag Geschichte nicht. Sie wartet darauf, dass sie an

va alla scrivania del professor Leonida e si mette seduta su una sedia.

"Queste sono le mie risposte alle domande", dice Lena al professore dandogli il test.

"Bene", il professore osserva Lena. Lui rammenta che Lena non frequenta le sue lezioni. "Probabilmente Lena è una brava studentessa e studia sodo", pensa il professor Leonida. Ma vuole interrogare lo stesso la ragazza.

"Lena, chi è il più importante dio greco?" chiede il professore. Lena rimane in silenzio. Non lo sa. Il professor Leonida aspetta. Juliasiede al banco in prima fila. Vorrebbe darle un suggerimento. Lena guarda Julia. E Julia di nascosto indica con il dito il professor Leonida.

"Leonida è il più importante dio greco", dice Lena. Gli

der Reihe ist. Dann geht Lena zu Professor Leonidas Tisch und setzt sich auf einen Stuhl.

„Das sind meine Antworten auf die Fragen", sagt Lena zum Professor und gibt ihm die Testaufgaben.

„Gut", der Professor sieht Lena an. Er kann sich gut daran erinnern, dass Lena seine Vorlesungen nicht besucht. „Lena ist wahrscheinlich auch eine gute Studentin und lernt gut", denkt Professor Leonidas. Aber er möchte das Mädchen trotzdem abprüfen.

„Lena, wer ist der wichtigste griechische Gott?", fragt der Professor. Lena ist still. Sie weiß es nicht. Professor Leonidas wartet. Julia sitzt am Tisch in der ersten Reihe. Sie möchte ihr einen Hinweis geben. Lena sieht Julia an. Und Julia zeigt heimlich mit dem Finger auf Professor Leonidas.

„Leonidas ist der wichtigste griechische Gott", sagt Lena. Die

studenti ridono. Il professor
Leonida la guarda aggrottando
la fronte. Poi guarda il soffitto e
raccoglie le idee.

"Forse ti riferisci a Leonida,
il re di Sparta. Ma, sebbene
anche lui sia stato un greco
illustre, non era una divinità.
Forse ti riferisci a me, ma io mi
sento come un dio solo quando
sono nella mia cucina e preparo
un piatto nazionale greco", dice
il professor Leonida guardando
Lena attentamente. "Ma grazie
lo stesso per l'audace
tentativo".

Qualche giorno dopo, il
professor Leonida racconta ai
suoi colleghi che lui è il più
importante dio greco. Il
professore ride più forte di
tutti. E Lena ha imparato i nomi
di tutti i Greci più famosi e così
si è innamorata della storia
della Grecia.

Studenten lachen. Professor
Leonidas sieht sie mit einem
Stirnrunzeln an. Dann schaut er auf
die Decke und sammelt seine
Gedanken.

„Vielleicht meinst du Leonidas,
den König von Sparta, aber das war
kein Gott. Obwohl er auch ein
großer Grieche war. Vielleicht
meinst du mich, aber ich fühle mich
nur wie ein Gott, wenn ich in meiner
Küche stehe und ein griechisches
Nationalgericht zubereite", sagt
Professor Leonidas und sieht Lena
aufmerksam an. „Danke trotzdem
für den gewagten Versuch."

Professor Leonidas erzählt
seinen Kollegen einige Tage später,
dass er der wichtigste griechische
Gott ist. Der Professor lacht am
lautesten von allen. Und Lena hat
die Namen aller berühmtesten
Griechen gelernt und hat sich dabei
in die Geschichte Griechenlands
verliebt.

10

Die Audiodatei

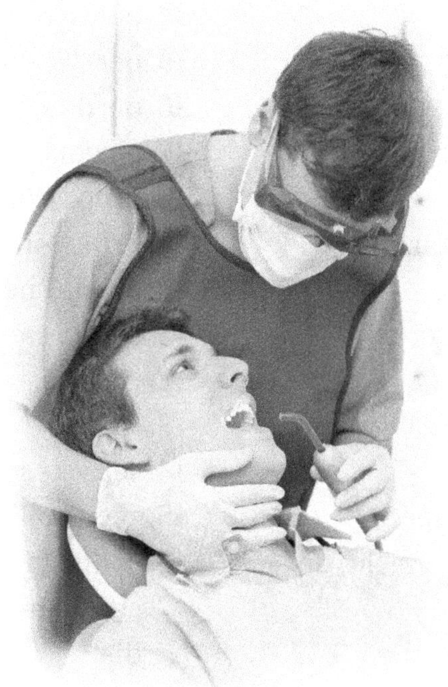

Dal dentista
Beim Zahnarzt

A

Vocaboli
Vokabeln

1. aprire - öffnen
2. bocca, la - Mund, der
3. capo, il - Chef, der
4. chiamerebbe - nennen
5. chiude - schließt
6. cliente, il - Kunde, der
7. clinica odontoiatrica, la - Zahnklinik, die
8. cura - behandelt
9. del lavoratore edile - des Bauarbeiters
10. dente, il - Zahn, der
11. dentista, il - Zahnarzt, der

12. di - als
13. di nulla - gern geschehen
14. difetto, il - Defekt, der
15. ditta, la; impresa, l' - Firma, die
16. è d'accordo - ist einverstanden
17. elimina - beheben
18. espressione, l' - Ausdruck, der
19. fare domanda, candidarsi - sich bewerben
20. impresa di costruzioni, l' - Baufirma, die
21. incontrati - getroffen
22. lava - wäscht
23. lavoratori edili, i - Bauarbeiter, die
24. lavoro, il - Job, der
25. lezione, la - Unterricht, der
26. mal di denti, il - Zahnschmerzen, die
27. male - schlecht
28. mandibola, la - Kiefer, der
29. mani, le - Hände, die
30. medico, il; dottore, il - Arzt, der
31. molto - weit
32. montato - installiert
33. ospedale, l' - Spital, das
34. per bene - richtig
35. perché - weil
36. perdita, la - Verlust, der
37. picchia - klopft
38. prego - bitte
39. prima - früher
40. prima che - bevor
41. qualcosa - irgendetwas
42. ricorda - erinnert
43. riparare - reparieren
44. scrive - schreibt
45. si siede - setzt sich
46. soddisfatto - zufrieden
47. studio medico, lo - Arztpraxis, die
48. un po' - ein wenig

 **B**

| **Dal dentista** | **Beim Zahnarzt** |

David ha un amico che si chiama Victor. David e Victor sono amici da molto tempo. Victor lavora in un'impresa di costruzioni. Lui monta le porte negli appartamenti nuovi. A

David hat einen Freund, der Victor heißt. David und Victor sind seit einer langen Zeit befreundet. Victor arbeitet bei einer Baufirma. Er installiert Türen in neuen

Victor non piace il suo lavoro. Anche lui vorrebbe studiare al college. Victor esce presto dal lavoro perché frequenta una scuola serale. Si prepara per fare domanda di ammissione ad un college. Oggi però Victor non chiede al suo capo di uscire prima dal lavoro per andare a lezione, ma per andare all'ospedale. Victor ha mal di denti. Ha mal di denti da due giorni. Va in ospedale, nella clinica ondontoiatrica.

"Buongiorno, dottore!" dice Victor.

"Buongiorno!" risponde il dottore.

"Dottore, mi sembra che ci siamo già incontrati da qualche parte", dice Victor.

"Forse", risponde il dottore. Victor si siede e spalanca la bocca. Il dottore cura il dente di Victor. Tutto va bene. Il dottore si lava le mani e dice: "Il suo

Wohnungen. Victor mag seinen Job nicht. Er möchte auch am College studieren. Victor geht früh von der Arbeit, weil er eine Abendschule besucht. Er bereitet sich darauf vor, sich an einem College zu bewerben. Aber Victor bittet seinen Chef heute nicht, ihn zum Unterricht gehen zu lassen, sondern ins Spital. Victor hat Zahnschmerzen. Er hat seit zwei Tagen Zahnschmerzen. Er geht in das Spital, in die Zahnklinik.

„Hallo, Herr Doktor!", sagt Victor.

„Hallo!", antwortet der Arzt.

„Herr Doktor, ich glaube, dass wir uns schon irgendwo einmal getroffen haben", sagt Victor.

„Vielleicht", antwortet der Arzt. Victor setzt sich in einen Stuhl und öffnet seinen Mund weit. Der Arzt behandelt Victors Zahn. Alles geht gut. Der Arzt wäscht seine Hände und sagt: „Ihr Zahn ist jetzt

dente ora sta bene. Può andare".

Ma Victor non può rispondere perché non riesce a chiudere la bocca. Victor indica la bocca.

"Capisco", dice il dottore, "non ti preoccupare! Anche un lavoratore edile lo chiamerebbe un semplice difetto. Posso aggiustare il difetto domani", rispose il dottore.

In quel momento Victor si ricorda che il dottore è un cliente della sua ditta. Victor ha montato male la porta a casa del dottore. La porta del dottore non si chiude. Victor gli scrive un appunto: "Verrò immediatamente da lei a montare per bene la porta".

Il medico è d'accordo. Victor e il dottore prendono un taxi. Victor siede nel taxi con la bocca aperta e guarda triste attraverso il finestrino della macchina. Arrivano a casa del dottore. Victor elimina il difetto, sempre

gesund. Sie können gehen."

Aber Victor kann nichts antworten, weil er seinen Mund nicht schließen kann. Victor zeigt auf den Mund.

„Ich verstehe", sagt der Arzt, „mach dir nichts daraus! Auch ein Bauarbeiter würde das einen Defekt nennen. Ich kann den Defekt morgen reparieren", antwortet er Arzt.

In diesem Moment erinnert sich Victor daran, dass der Arzt ein Kunde seiner Firma ist. Victor hat die Tür im Haus des Arztes schlecht installiert. Die Tür des Arztes lässt sich nicht schließen. Victor schreibt dem Arzt eine Notiz: „Ich werde sofort zu Ihnen fahren und die Tür richtig installieren."

Der Arzt ist einverstanden. Victor und der Arzt nehmen ein Taxi. Victor sitzt mit offenem Mund im Taxi und schaut traurig durch das Autofenster. Sie kommen zum Haus des Arztes. Victor behebt den Fehler mit

con la bocca aperta. Il dottore non ringrazia Victor. Picchia leggermente sulla mandibola e la bocca si chiude. Victor è felice.

"Grazie, dottore!" gli dice. "Lei elimina i difetti meglio di un lavoratore edile. Lo fa senza perdere tempo", dice Victor.

"Di nulla", dice il dottore soddisfatto, "puoi tornare volentieri, quando vuoi se hai bisogno di aiuto".

offenem Mund. Der Arzt bedankt sich nicht bei Victor. Er klopft Victor ein wenig auf den Kiefer und der Mund schließt sich. Victor ist glücklich.

„Danke, Herr Doktor!", sagt er zum Arzt. „Sie beheben Fehler besser als Bauarbeiter. Sie machen es, ohne Zeit zu verlieren", sagt Victor.

„Gern geschehen", sagt der Arzt zufrieden, „du kannst gerne wiederkommen, wenn du Hilfe brauchst."

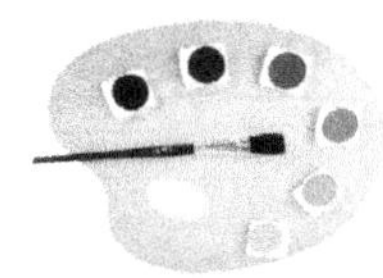

Die Audiodatei

La giustizia trionfa!
Gerechtigkeit siegt!

 **A**

Vocaboli
Vokabeln

1. abbastanza - genug
2. accuratamente - genau, sorgfältig
3. adulare - schmeicheln
4. ammetto - gebe zu
5. aula, l' - Klassenzimmer, das
6. autore, l' - Autor, der
7. avventura, l' - Abenteuer, die
8. basso - niedrig
9. cambiare, modificare - ändern
10. capolavoro, il - Meisterwerk, das
11. caro - Lieber
12. casa dello studente, la - Studentenwohnheim, das
13. chiaro; scorrevole - verständlich, leicht
14. compito a casa, il - Hausaufgabe, die
15. con competenza - kompetent
16. continua - spricht weiter
17. controllare - überprüfen
18. copiare - kopieren
19. copiato - kopiert

20. dato - gegeben
21. deciso - beschloßen
22. dice infine - sagt abschließend
23. è visibile - wird sichtbar
24. eccellente - großartiges
25. esperienza, l' - Erfahrung, die
26. fece - tat
27. felice - fröhlich
28. furbo - verschmitzt
29. giustizia, la - Gerechtigkeit, die
30. ho saputo, sapevo - wusste
31. imbrogliare - mogeln
32. impressionato - beeindruckt
33. inglese, l' - englisch
34. intelligente - intelligent
35. intelligenza, l' - Intelligenz, die
36. io stesso - ich selbst
37. lasciato - verlassen
38. letteratura, la - Literatur, die
39. lezione, la - Unterricht, der
40. livello, il - Niveau, das
41. lodare - loben
42. maggiore - höchste
43. male- schlecht
44. meritato - verdient
45. modo, il; maniera, la - Art, die
46. onestamente - ehrlich
47. parla, dice - spricht
48. particolarmente - besonders
49. passa - vorbeikommt

50. paura, la - Angst, die
51. pigro - faul
52. più - mehr
53. più severamente - strenger
54. professore, il - Lehrer, der
55. qualcuno - irgendjemand
56. ragazzo, il - Junge, der
57. ricordi - erinnerst
58. rovinare - ruinieren
59. saggi, i - Essays, die
60. sconsideratamente - gedankenlos
61. scoprire - erwischen
62. scritto - geschrieben
63. scrittore, lo - Schriftsteller, der
64. semplicemente - einfach
65. serio - ernst
66. severo - streng
67. significa - bedeutet
68. spesso - oft
69. spirito, lo - Stimmung, die
70. stile, lo - Stil, der
71. stupore, lo - Erstaunen, das
72. tema, il - Aufsatz, der; Thema, das
73. testo, il; l'impostazione - Konzept, das
74. tiene - hält
75. timidamente - zögerlich
76. trionfa - siegt
77. un qualche; qualcosa - irgendein, etwas

 **B**

La giustizia trionfa!

Robert abita nella casa dello studente. Ha molti amici. Tutti gli studenti gli vogliono bene. Ma gli insegnanti sanno che Robert qualche volta è pigro. Perciò trattano Robert più severamente rispetto agli altri studenti. Alla prima ora oggi Robert ha letteratura inglese. Gli studenti si stanno occupando accuratamente delle opere di Charles Dickens. Questo scrittore è diventato famoso grazie ai libri Le avventure di Oliver Twist, Dombey e figlio, David Copperfield e altri.

Il professore oggi deve restituire corretti i saggi che erano da fare a casa. Il professore entra in aula. Tiene fra le sue mani gli elaborati degli studenti.

"Buon giorno. Sedetevi,

Gerechtigkeit siegt!

Robert wohnt im Studentenwohnheim. Er hat viele Freunde. Alle Studenten mögen ihn. Aber die Lehrer wissen, dass Robert manchmal faul ist. Deshalb behandeln sie Robert strenger, als andere Studenten. Roberts erster Unterricht heute ist englische Literatur. Die Studierenden beschäftigen sich genau mit der Arbeit von Charles Dickens. Dieser Schriftsteller wurde durch Bücher wie die Abenteuer von Oliver Twist, Dombey und Sohn, David Copperfield und andere berühmt.

Der Lehrer muss heute die Essays, die Hausaufgabe waren, korrigiert zurückgeben. Der Lehrer betritt das Klassenzimmer. Er hält die Arbeiten der Studenten in seinen Händen.

„Hallo. Setzt euch, bitte", sagt der Lehrer. „Ich bin mit euren

prego", dice il professore. "Sono soddisfatto dei vostri saggi. Mi piace particolarmente il lavoro di Robert. Devo ammettere onestamente che non ho mai letto un lavoro migliore su Dickens. Un testo eccellente, scritto con competenza e con uno stile chiaro. Addirittura il voto più alto in questo caso non sarebbe sufficiente".

Gli studenti sono esterrefatti e restano a bocca aperta. La gente non dice spesso cose simili su Robert. Poi il professore parla degli altri compiti ma non elogia nessuno allo stesso modo. Dopodiché distribuisce i lavori agli studenti. Quando passa da Robert gli dice: "Per favore vieni da me dopo la lezione".

Robert è sorpreso. Dopo la lezione va dal professore. Gli altri studenti hanno già lasciato l'aula.

"Robert, tu sei un ragazzo

Essays zufrieden. Ganz besonders mag ich Roberts Arbeit. Ich gebe ehrlich zu, dass ich noch nie eine bessere Arbeit über Dickens gelesen habe. Ein großartiges Konzept, kompetent geschrieben und ein verständlicher Stil. Sogar die beste Note reicht hier nicht aus."

Die Studenten staunen mit offenem Mund. Leute sagen solche Dinge nicht oft über Robert. Dann spricht der Lehrer über andere Arbeiten, aber er lobt niemanden auf die gleiche Art. Dann verteilt er die Arbeiten an die Studenten. Als er bei Robert vorbeikommt, sagt er zu ihm: „Komm nach dem Unterricht bitte zu mir."

Robert ist überrascht. Nach dem Unterricht geht er zum Lehrer. Die anderen Studenten haben das Klassenzimmer schon verlassen.

„Robert, du bist ein intelligenter und guter Junge", sagt der Lehrer,

bravo ed intelligente", dice il professore, "in un certo qual modo mi ricordi me. Anche io ho studiato in questo college. E ho abitato nella stessa casa dello studente in cui abiti tu". Robert non capisce cosa voglia dire il professore. Ma il professore lo guarda furbo e continua: "Anche io ho dato un'occhiata ai test degli ex studenti. Ma da loro ho copiato solo un po', giusto per entrare in confidenza con l'argomento. E non ho mai copiato in modo così sconsiderato come te".

Negli occhi di Robert si fa visibile la paura.

"Così è, caro mio. Tu non hai solo copiato il lavoro di qualcun altro, tu hai copiato il lavoro che io stesso avevo scritto molto tempo fa", continua il professore.

"Ma allora perché mi ha dato il voto più alto, professore?"

„du erinnerst mich sogar auf gewisse Art an mich selbst. Ich habe auch an diesem College studiert. Und ich habe im gleichen Studentenwohnheim gewohnt wie du." Robert versteht nicht, was der Lehrer sagen will. Aber der Lehrer sieht ihn verschmitzt an und spricht weiter: „Ich habe mir auch die Tests der früheren Studenten angesehen. Aber ich habe von ihnen nur ein wenig abgeschrieben, um die Stimmung eines Themas zu spüren. Und ich habe nie alles so gedankenlos abgeschrieben wie du."

In Roberts Augen wird Angst sichtbar.

„Das ist es, mein Lieber. Du hast nicht nur die Arbeit von jemand anderem abgeschrieben, du hast eine Arbeit abgeschrieben, die ich selbst vor einer langen Zeit verfasst habe", spricht der Lehrer weiter.

„Aber warum haben Sie mir dann die beste Note gegeben,

chiede Robert timidamente.

"Perché allora ho preso un brutto voto! E io ho sempre saputo che avrei meritato un voto di gran lunga migliore! La giustizia oggi ha trionfato", dice il professore ridendo felice.

"Quando ho copiato il suo tema ero impressionato dal livello d'intelligenza dell'autore", dice Robert. "Così ho deciso di non modificare nulla per non rovinare questo capolavoro, professore", dice Robert gurdandolo negli occhi.

"Non sai adulare, Robert", riponde il professore e lo guarda serio. "Va' adesso e tieni bene a mente che io ti scoprirò facilmente ogni volta che imbrogli perché ho molta più esperienza di te. È chiaro?" dice infine il professore.

Professor?", fragt Robert zögerlich.

„Weil ich damals eine schlechte Note dafür bekommen habe! Und ich wusste immer, dass ich eine viel bessere Note verdient hätte! Jetzt siegt die Gerechtigkeit!!", sagt der Lehrer und lacht fröhlich.

„Als ich ihren Aufsatz abgeschrieben habe, war ich vom Intelligenzniveau des Autors beeindruckt", sagt Robert. „Deshalb habe ich beschlossen nichts zu ändern, um dieses Meisterwerk nicht zu ruinieren, Herr Professor", sagt Robert und sieht dem Lehrer in die Augen.

„Du schmeichelst sehr schlecht, Robert", antwortet der Lehrer und sieht Robert ernst an. „Geh jetzt und merk dir, dass ich dich jedes Mal ganz einfach erwischen werde, wenn du mogelst, weil ich sehr viel Erfahrung habe. Ist das klar?", sagt der Lehrer abschließend.

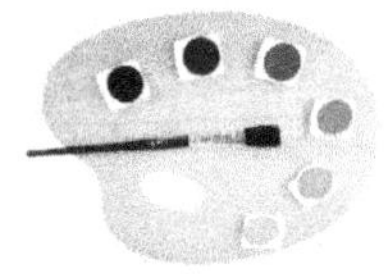

Die Audiodatei

Dov' è il mare?

Wo ist das Meer?

A

Vocaboli
Vokabeln

1. andò - ging
2. annuisce - nickt
3. asciugamano, l' - Handtuch, das
4. ascolta - hört zu
5. aspettare - warten
6. campanello della porta, il - Türglocke, die
7. capitale, la - Hauptstadt, die
8. cellulare, il - Handy, das
9. cibo, il - Essen, das
10. città, la - Stadt, die
11. completamente - ganz
12. complimento, il - Kompliment, das
13. costume da bagno, il - Badeanzug, der
14. cucina - kocht
15. davanti - vorbei
16. dieci - zehn

17. direzione, la - Richtung, die
18. diverse - anders
19. ebraico, l' - Hebräisch, das
20. fatto un complimento - ein Kompliment gemacht
21. fine settimana, il - Wochenende, das
22. fine, la - Ende, das
23. fortuna, la - Glück, das
24. Gerusalemme - Jerusalem
25. hotel, l' - Hotel, das
26. incrocio, l' - Kreuzung, die
27. maggiore, più grande - größte
28. mare, il - Meer, das
29. martedì - Dienstag, der
30. mercato, il - Markt, der
31. mezza - halbe
32. nuotare - schwimmen
33. padre, il; papà, il - Vater, der
34. panchina, la - Bank, die
35. parte - reist
36. perdersi - verlaufen
37. piuttosto - ziemlich
38. porta - führt
39. potrebbe - könnte
40. prendere il sole, fare un bagno di sole - sonnenbaden
41. riconosco - erkenne wieder
42. sta facendo visita - besucht gerade
43. strada, la - Straße, die
44. suggerisce - schlägt vor
45. troveremo - finden
46. uomo, l' - Mann, der
47. venti - zwanzig
48. via, la - Straße, die
49. vicino di casa, il - Nachbar, der
50. zia, la - Tante, die

 **B**

Dov'è il mare?

Anna, un'amica di David, questa estate parte per Israele per fare visita a sua zia e suo zio. Sua zia si chiama Yael, suo zio Nathan. Hanno un figlio che si chiama Ramy. Nathan, Yael e Ramy vivono a Gerusalemme.

Wo ist das Meer?

Anna, eine Freundin von David, reist diesen Sommer nach Israel, um ihre Tante und ihren Onkel zu besuchen. Ihre Tante heißt Yael und der Name ihres Onkels ist Nathan. Sie haben einen Sohn, der Ramy heißt. Nathan, Yael und Ramy leben in Jerusalem.

Gerusalemme è la capitale e la più grande città di Israele. Anna ama questo posto. Ogni fine settimana va con suo zio e sua zia al mare. Ad Anna piace nuotare e stare sdraiata al sole.

Oggi è giovedì. Zio Nathan va a lavorare. Lui è dottore. La zia Yael cucina per tutta la famiglia. Anna vorrebbe tanto andare al mare ma ha paura ad andarci da sola. Lei sa bene l'inglese. Ma non parla affatto l'ebraico. Anna ha paura di perdersi. Sente che qualcuno suona alla porta.

"È la tua amica Nina", dice zia Yael. Anna è molto felice che la sua amica sia venuta a trovarla. Nina vive a Kiev. Sta facendo visita a suo padre. Suo padre è il vicino di casa dello zio Nathan. Nina parla molto bene l'inglese.

"Andiamo al mare!", propone Nina.

"Come troveremo la strada?"

Jerusalem ist die Hauptstadt und die größte Stadt Israels. Anna ist gerne dort. Jedes Wochenende geht sie mit ihrem Onkel und ihrer Tante ans Meer. Anna schwimmt gerne und liegt gerne in der Sonne.

Heute ist Dienstag. Onkel Nathan geht arbeiten. Er ist Arzt. Tante Yael kocht für die ganze Familie Essen. Anna möchte sehr gerne zum Meer gehen, aber sie hat Angst alleine zu gehen. Sie kann gut Englisch, aber sie spricht überhaupt kein Hebräisch. Anna hat Angst sich zu verlaufen. Sie hört, dass es an der Tür klingelt.

„Es ist deine Freundin Nina", sagt Tante Yael. Anna freut sich sehr, dass ihre Freundin sie besuchen gekommen ist. Nina lebt in Kiev. Sie besucht gerade ihren Vater. Ihr Vater ist der Nachbar von Onkel Nathan. Nina spricht ganz gut Englisch.

„Lass uns zum Meer gehen", schlägt Nina vor.

„Wie werden wir den Weg

chiede Anna.

"Siamo in Israele. Quasi tutti qui parlano inglese", risponde Nina.

"Aspetta un secondo, prendo un costume da bagno e un asciugamano", dice Anna. Dieci minuti dopo le ragazze lasciano la casa. Un uomo con un bambino viene loro incontro

"Mi scusi, come arriviamo al mare?" chiede Anna in inglese.

"Figlia del mare?" risponde l'uomo. Anna è contenta che l'uomo le abbia fatto un complimento. Annuisce.

"È piuttosto lontano. Andate fino alla fine della strada e poi girate a destra. Quando arrivate all'incrocio girate nuovamente a destra. Buona fortuna", dice l'uomo.

Anna e Nina camminano per venti minuti. Passano davanti a un mercato. Poi passano davanti

finden?", fragt Anna.

„Das ist Israel. Fast jeder hier spricht Englisch", antwortet Nina.

„Warte kurz, ich nehme einen Badeanzug und ein Handtuch mit", sagt Anna. Zehn Minuten später verlassen die Mädchen das Haus. Ein Mann mit einem Kind kommt ihnen entgegen.

„Entschuldigen Sie, wie kommen wir ans Meer?", fragt ihn Anna auf Englisch.

„Tochter des Meeres?", fragt der Mann. Anna freut sich, dass der Mann ihr ein Kompliment macht. Sie nickt.

„Es ist ziemlich weit entfernt. Geht bis zum Ende der Straße und biegt dann rechts ab. Wenn ihr zur Kreuzung kommt, biegt ihr noch einmal rechts ab. Viel Glück", sagt der Mann.

Anna und Nina gehen zwanzig Minuten lang. Sie gehen an einem Markt vorbei. Dann gehen sie an

ad un hotel.

"Non riconosco questo hotel. Quando siamo andati al mare con mio padre non l'ho visto", dice Nina.

"Chiediamo di nuovo la strada", propone Anna.

"Questa strada ci porta al mare, no?" chiede Nina al commesso di un negozio.

"Sì, figlia del mare", annuisce il commesso.

"È davvero strano. Oggi hanno fatto due volte lo stesso complimento sia a me che a te", dice Anna a Nina. Le ragazze sono sorprese. Camminano una mezz'ora lungo la via.

"Credo che siamo già state in una strada con lo stesso nome", dice Anna.

"Sì, ma le case qui sembrano completamente diverse", risponde Nina.

"Potrebbe dirci quanto ci

einem Hotel vorbei.

„Ich erkenne das Hotel nicht wieder. Als wir mit meinem Vater ans Meer gefahren sind, habe ich es nicht gesehen", sagt Nina.

„Lass uns noch einmal nach dem Weg fragen", schlägt Anna vor.

„Dieser Weg führt ans Meer, oder?", fragt Nina einen Verkäufer in einem Laden.

„Ja, Tochter des Meeres", nickt der Verkäufer.

„Das ist sehr seltsam. Sie haben dir und mir heute zwei Mal das gleiche Kompliment gemacht", sagt Anna zu Nina. Die Mädchen sind überrascht. Sie gehen eine halbe Stunde die Straße entlang.

„Ich glaube, dass wir schon in einer Straße mit dem gleichen Namen gewesen sind", sagt Anna.

„Ja, aber die Häuser hier sehen ganz anders aus", antwortet Nina.

„Könnten Sie uns sagen, wie

vuole da qui fino al mare?" chiede Nina a una donna con un cane.

"Figlia del mare?" domanda la donna. Nina è sorpresa. Non ha mai ricevuto prima d'ora dei complimeti dalle donne. Lei annuisce.

"Ci siete già", risponde la donna e prosegue. Anna e Nina si guardano intorno. A destra ci sono delle case. A sinistra c'è una strada.

"Dov'è il mare qui?" domanda Anna. Nina non risponde. Prende il cellulare e chiama suo padre. Il padre chiede a Nina di raccontargli tutta la storia. La ragazza gli racconta tutto, poi ascolta suo padre e ride.

"Anna, mio padre dice che siamo andati in un'altra città. Alla fine nessuno ci ha fatto dei complimenti. Loro pensavano che noi volevamo andare in una piccola città che si chiama 'Figlia

lange es dauert, von hier zum Meer zu gehen?", fragt Nina eine Frau mit einem Hund.

„Tochter des Meeres?", fragt die Frau. Nina ist überrascht. Sie hat noch nie zuvor Komplimente von Frauen bekommen. Sie nickt.

„Ihr seid schon hier", sagt die Frau und geht weiter. Anna und Nina sehen sich um. Rechts stehen einige Häuser. Links ist eine Straße.

„Wo ist hier das Meer?", fragt Anna. Nina antwortet nicht. Sie nimmt ihr Handy heraus und ruft ihren Vater an. Der Vater bittet Nina ihm die ganze Geschichte zu erzählen. Das Mädchen erzählt ihm alles, dann hört sie ihrem Vater zu und lacht.

„Anna, mein Vater sagt, dass wir in eine andere Stadt gegangen sind. Am Ende hat uns doch niemand irgendwelche Komplimente gemacht. Sie dachten, dass wir in eine kleine Stadt wollten, die

del mare'. Bat Yam in ebraico",
dice Nina. Adesso ride anche
Anna. Le ragazze vanno in un
parco e si siedono su una
panchina. Un'ora più tardi arriva
il papà di Nina e le porta al
mare.

Tochter des Meeres heißt. Bat Yam
auf Hebräisch", sagt Nina. Jetzt
lacht auch Anna. Die Mädchen
gehen in einen Park und setzten
sich auf eine Bank. Eine Stunde
später kommt Ninas Vater und
bringt sie ans Meer.

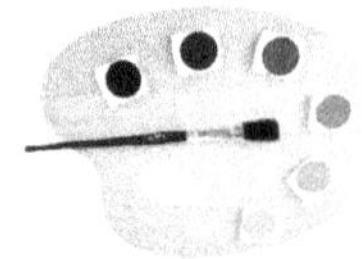

13

Die Audiodatei

Un lavoretto

Ein kleiner Job

 **A**

Vocaboli

Vokabeln

1. al posto di - statt
2. bere - trinken
3. cattivo - böse
4. coccodrillo, il - Krokodil, das
5. compito, il - Aufgabe, die
6. confuso - verwechselt
7. coraggioso - mutig
8. cosa, la - Ding, das
9. degnano di uno sguardo - beachten
10. divertente - lustig
11. durante - während
12. esame, l' - Prüfung, die
13. esposizione, l' - Ausstellung, die
14. fa cadere - lässt fallen
15. furbo - verschmitzt
16. guadagnare - verdienen
17. guardiano, il - Wächter, der
18. immediatamente - sofort
19. impiegato, l' - Angestellte, der
20. importante - wichtige
21. lunatico - launisch
22. mettere - setzen, legen, stellen
23. mordere - beißen

24. morso - gebissen
25. occupati - beschäftigt
26. ogni - jede
27. palla, la - Ball, der
28. per caso - zufällig
29. più facile - einfacher
30. quarto - vierte

31. questione, la - Angelegenheit, die
32. quinto - fünfte
33. secondo - zweite
34. soldi, i - Geld, das
35. terzo - dritte

B

Un lavoretto

Quest'estate a Robert è accaduto qualcosa di divertente. E cioè quanto segue. Durante l'estate Robert decise di guadagnare un po' di soldi facendo il guardiano. Sorvegliava un'esposizione felina. Una volta gli fu affidato un compito importante. Doveva chiudere i gatti nelle gabbie. Doveva anche scrivere il nome di ogni gatto sulla gabbia corrispondente.

"Va bene", dice Robert, "come si chiamano questi magnifici gatti?"

"Il gatto a sinistra è Tom, accanto a lui c'è Jerry, Mickey è

Ein kleiner Job

Diesen Sommer ist Robert etwas Lustiges passiert. Und zwar folgendes. Robert beschloss während des Sommers ein wenig Geld als Wächter zu verdienen. Er bewachte eine Katzenausstellung. Einmal bekam Robert eine wichtige Aufgabe übertragen. Er musste die Katzen in die Käfige sperren. Er musste auch den Namen jeder Katze auf den jeweiligen Käfig schreiben.

„In Ordnung", sagt Robert, „wie heißen diese großartigen Katzen?"

„Die Katze links ist Tom, neben ihm ist Jerry, Mickey sitzt hinten, Snickers und Baron sind rechts",

seduto dietro, Snickers e Barone sono a destra", gli spiega un impiegato dell'esposizione. Tutti vanno via e Robert rimane solo con i gatti. Vorrebbe bere un tè. Beve il tè e osserva i gatti. Il primo gatto si sta pulendo. Il secondo guarda fuori dalla finestra. Il terzo e il quarto vanno in giro per la stanza. E il quinto si avvicina a Robert. Improvvisamente gli morde la gamba. Robert fa cadere la tazza. La sua gamba gli fa male.

"Tu sei un gatto cattivo, proprio cattivo!" urla. "Tu non sei un gatto. Sei proprio un cocco-drillo! Non puoi farlo. Chi sei, Tom o Jerry? No, tu sei Mickey! O Snickers? O forse Barone?" Improvvisamente Robert si accorge che ha confuso i gatti. Non sa i nomi dei gatti e non riesce a chiuderli nelle gabbie giuste. Robert inizia a chiamare i gatti per nome.

erklärt ihm ein Angestellter der Ausstellung. Alle gehen und Robert bleibt mit den Katzen alleine. Er möchte Tee trinken. Er trinkt Tee und schaut die Katzen an. Die erste Katze putzt sich gerade. Die zweite schaut aus dem Fenster. Die dritte und vierte gehen durch das Zimmer. Die fünfte kommt auf Robert zu. Plötzlich beißt sie ihn in das Bein. Robert lässt die Tasse fallen. Sein Bein tut sehr weh.

„Du bist eine böse Katze, sehr böse!", schreit er, „Du bist keine Katze. Du bist wirklich ein Krokodil! Das kannst du nicht machen. Bist du Tom oder Jerry? Nein, du bist Mickey! Oder Snickers? Oder vielleicht Baron?", dann bemerkt Robert plötzlich, dass er die Katzen verwechselt. Er weiß die Namen der Katzen nicht und kann sie nicht in die richtigen Käfige sperren. Robert beginnt, die Namen der Katzen zu rufen.

"Tom! Jerry! Mickey! Snickers, Barone!" ma i gatti non lo degnano di uno sguardo. Sono occupati con loro stessi. Due gatti giocano con una palla. Un altro sta bevendo dell'acqua. E gli altri stanno mangiando qualcosa. Come fa adesso a ricordare i nomi dei gatti? E non c'è nessuno che può aiutare Robert. Sono tutti già andati a casa. Allora Robert grida: "Micetto, micetto!" Tutti i gatti si voltano immediatamente verso Robert. E ora? Tutti guardano Robert, poi si voltano e si siedono accanto alla finestra. Stanno seduti e guardano fuori dalla finestra.

Siedono tutti là e non si sa come si chiamano. A Robert non viene in mente una soluzione. È più facile superare un esame che indovinare i nomi dei gatti.

Allora Robert decide di chiudere ogni gatto in una gabbia qualsiasi. Al posto dei loro nomi

"Tom! Jerry! Mickey! Snickers, Baron!", aber die Katzen beachten ihn nicht. Sie sind mit sich selbst beschäftigt. Zwei Katzen spielen mit einem Ball. Eine andere trinkt gerade Wasser. Und die anderen fressen gerade etwas. Wie soll er sich jetzt an die Namen der Katzen erinnern? Und es gibt niemanden, der Robert helfen könnte. Alle sind schon nach Hause gegangen. Dann schreit Robert: „Miez, miez!" Alle Katzen drehen sich sofort zu Robert um. Und was jetzt? Alle Katzen schauen Robert an, drehen sich dann um und setzten sich neben das Fenster. Sie sitzen und schauen aus dem Fenster.

Sie sitzen alle dort und man weiß nicht, wie sie heißen. Robert fällt keine Lösung ein. Es ist einfacher, eine Prüfung zu bestehen, als die Namen der Katzen zu erraten.

Dann beschließt Robert jede Katze in irgendeinen Käfig zu

scrive sulle gabbie: bello, coraggioso, furbo, lunatico. Robert dà un nome ai cinque gatti, e a quello che lo ha morso lo chiama così: "Attenzione! Gatto che morde".

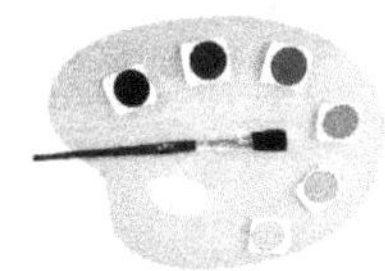

sperren. Anstatt ihrer Namen, schreibt er folgendes an die Käfige: Schön, tapfer, schlau, launisch. Robert benennt die fünfte Katze, diejenige, die ihn gebissen hat, folgendermaßen „Achtung! Bissige Katze."

14

Die Audiodatei

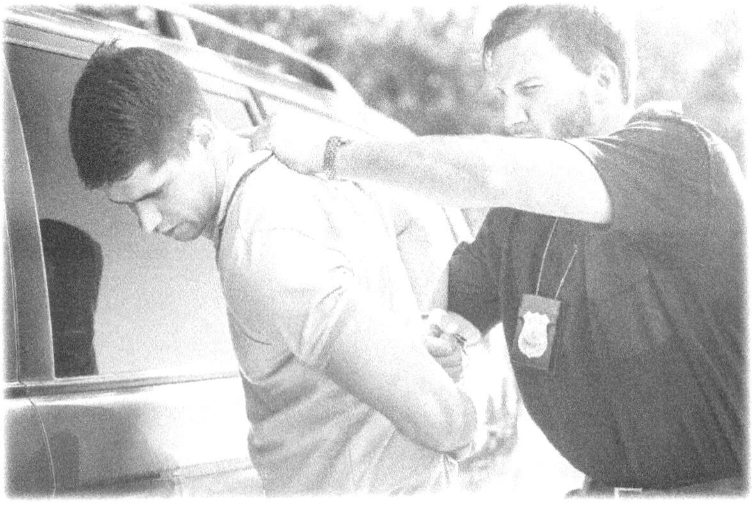

Alt!
Halt!

A

Vocaboli
Vokabeln

1. allegro - fröhlich
2. allenato - trainiert
3. ambito, l'; settore il - Arbeitsbereich, der
4. conducente, il - Fahrer, der
5. coscienzioso - gewissenhaft
6. di prima classe, di prima categoria - erstklassig
7. direttamente - direkt, gerade
8. domandare - fragen
9. è in riparazione - wird gerade repariert
10. edizione, l'; numero, il - Ausgabe, die
11. fermare - festnehmen
12. forte - fest
13. fretta, la - Eile, die
14. furfante, il - Schurke, der
15. giornale, il; quotidiano, il - Zeitung, die
16. in partenza - abfahrend
17. interesse, l' - Interesse, das
18. mercoledì, il - Mittwoch, der

19. metropolitana, la - U-Bahn, die
20. mezzi di trasporto, i - Verkehrsmittel, die
21. passa, trascorre - verbringt
22. perdere - verlieren
23. piscina, la - Schwimmbad, das
24. più avanti - weiter
25. poliziotto - Polizist, der
26. porte, le - Türen, die
27. preso, acciuffato - gefasst
28. professionista, il - Fachmann, der
29. pubblico - öffentlich
30. quattro - vier
31. rimangono - bleiben
32. rivista, la - Zeitschriften, die
33. scherzano - Spaß machen
34. signora, la - Dame, die
35. sorpassa - überholt
36. stipendio, il - Gehalt, das
37. urla - schreit
38. venerdì, il - Freitag, der

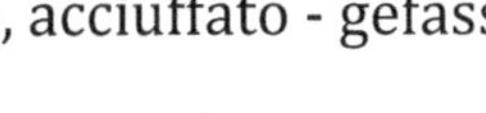  

B

Alt!

David studia al college. Normalmente David va al college con la sua macchina. Ma in questo momento la sua macchina è in riparazione. Così David prende i mezzi pubblici per arrivare al college - prima l'autobus e poi la metropolitana. Dopo le lezioni David va a pranzare in un caffè con i suoi amici. Durante il pranzo gli amici conversano, scherzano e si riprendono dalla lezione. Poi David va in biblioteca e lì passa quattro ore. Finisce alcuni

Halt!

David studiert am College. Normalerweise fährt David mit seinem eigenen Auto zum College. Aber jetzt wird sein Auto gerade repariert. Also nimmt David die öffentlichen Verkehrsmittel, um zum College zu gelangen - erst den Bus, dann die U-Bahn. Nach den Vorlesungen geht David mit seinen Freunden in ein Café um Mittag zu essen. Während des Mittagessens unterhalten sich die Freunde, sie machen Späße und erholen sich vom Unterricht. Dann geht David in die Bibliothek und verbringt dort

compiti e legge dei nuovi libri e delle riviste del suo ambito di studi. David è coscienzioso e studia bene. Vuole diventare un professionista di prima categoria e guadagnare un buon stipendio. Il mercoledì e il venerdì David lascia la biblioteca due ore prima e va in piscina. David non vuole solo diventare un buon professionista ma vuole essere anche un tipo ben allenato. La sera David incontra i suoi amici o va direttamente a casa.

Oggi, sulla strada di casa, compra l'ultima edizione del giornale e va giù in metropolitana. David esce dalla metropolitana e vede che l'autobus si trova già alla fermata. Realizza che non fa in tempo a raggiungere l'autobus. Vede una signora anziana che corre verso l'autobus. Anche David inizia a correre. Supera la donna e corre più avanti. Anche la donna si accorge di essere in ritardo. Non vuole perdere

vier Stunden. Er beendet einige Aufgaben und liest neue Bücher und Zeitschriften aus seinem Arbeitsbereich. David ist gewissenhaft und lernt gut. Er möchte ein erstklassiger Fachmann werden und ein gutes Gehalt verdienen. Am Mittwoch und am Freitag verlässt David die Bibliothek zwei Stunden früher und geht ins Schwimmbad. David möchte nicht nur ein guter Fachmann werden, sondern auch ein gut trainierter Mann sein. Am Abend trifft David seine Freunde oder geht direkt nach Hause.

Heute kauft er auf dem Heimweg die neueste Ausgabe der Zeitung und geht hinunter zur U-Bahn. David verlässt die U-Bahn und sieht, dass der Bus bereits an der Bushaltestelle steht. Er merkt, dass er zu spät zum Bus kommt. Er sieht eine alte Frau, die zum Bus rennt. David beginnt auch zu rennen. Er überholt die Frau und rennt weiter. Die Frau merkt auch, dass sie spät dran ist. Sie möchte keine Zeit verlieren und nicht auf

tempo e aspettare il prossimo autobus. Urla a David: "Fermalo!" La donna vuole che David chieda al conducente dell'autobus di aspettare qualche istante. Un poliziotto non lontano dall'autobus sente la donna urlare. Il poliziotto pensa che deve fermare l'uomo che la donna sta inseguendo. Acciuffa David e lo ferma. La donna corre verso l'autobus.

"Signora, ho acciuffato questo furfante!" dice il poliziotto. La donna guarda stupita il poliziotto e dice: "Si tolga di torno, per favore! Ho fretta".

Sale tutta contenta sull'autobus e le porte si chiudono. David e il poliziotto rimangono alla fermata. E la donna li guarda con interesse dal finestrino dell'autobus in partenza.

den nächsten Bus warten. Sie schreit zu David: „Halt ihn auf!" Die Frau möchte, dass David den Fahrer bittet, den Bus einige Sekunden länger anzuhalten. Ein Polizist ist nicht weit entfernt vom Bus. Er hört, dass die Frau schreit. Der Polizist denkt, dass er den Mann festnehmen muss, dem die Frau nachrennt. Er fängt David und hält ihn fest. Die Frau rennt zum Bus.

„Madame, ich habe diesen Schurken gefasst", sagt der Polizist. Die Frau sieht den Polizisten überrascht an und sagt: „Gehen Sie mir aus dem Weg, bitte! Ich habe es eilig!"

Sie steigt glücklich in den Bus und die Türen schließen. David und der Polizist bleiben an der Bushaltestelle. Und die Frau sieht ihnen aus dem Fenster des abfahrenden Busses interessiert nach.

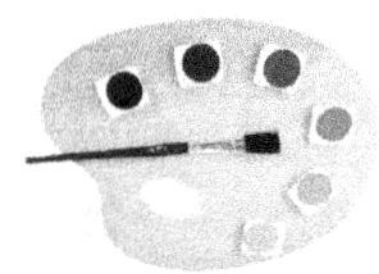

15

Die Audiodatei

Un regalo meraviglioso
Ein wunderbares Geschenk

A

Vocaboli
Vokabeln

1. ascolta - hört zu
2. asilo, l' - Kindergarten, der
3. bagagliaio, il - Kofferraum, der
4. Bibbia, la - Bibel, die
5. braccia, le - Arme, die
6. buio - dunkel
7. che fa le fusa - schnurrend
8. cinque - fünf
9. contenta, felice - vergnügt
10. corda, la - Seil, das
11. dipingere - malen
12. dolcemente - sanft
13. guida - fährt
14. lega - bindet
15. legge - liest

16. lontani l'uno dall'altro - auseinander
17. meraviglioso - wunderbar
18. motore, il - Motor, der
19. Natale, il - Weihnachten, das
20. nevica - schneit
21. pesce rosso, il - Goldfisch, der
22. più basso, verso il basso - niedriger, nach unten
23. pregare - beten
24. punte dei piedi, le - Zehenspitzen, die
25. raggiungere, arrivare a - erreichen
26. regala - schenkt
27. risponde - antwortet
28. Santo, il - Heilige, der
29. si curva - biegt
30. si lacera - reißt
31. si piega - biegt
32. sogna - träumt
33. sta - steht
34. suona - klingelt
35. tavolo, il - Tisch, der
36. tenta - versucht
37. tira - zieht
38. urlando - schreiend
39. vicino - nahe
40. vola - fliegt

B

Un regalo meraviglioso

Tina è la vicina di casa di David e Nancy. È una bambina. Tina ha cinque anni. Va all'asilo. A Tina piace dipingere. Lei è una bambina ubbidiente. Natale sta per arrivare e lei aspetta i regali. Desidera un acquario con i pesci rossi.

"Mamma, vorrei dei pesci rossi per Natale", dice Tina a sua madre.

Ein wunderbares Geschenk

Tina ist die Nachbarin von David und Nancy. Sie ist ein kleines Mädchen. Tina ist fünf Jahre alt. Sie geht in den Kindergarten. Tina malt gerne. Sie ist ein folgsames Mädchen. Weihnachten kommt bald und Tina wartet auf die Geschenke. Sie möchte ein Aquarium mit Goldfischen.

„Mama, ich hätte gerne Goldfische zu Weihnachten", sagt Tina zu ihrer Mutter.

"Allora devi pregare Babbo Natale. Lui porta sempre i regali ai bambini buoni", risponde la mamma.

Tina guarda dalla finestra. Fuori è buio e nevica. Chiude gli occhi e inizia a sognare l'acquario con i pesci rossi.

Una macchina passa davanti casa. Si ferma alla casa accanto. È David che guida. David vive nella casa accanto. Parcheggia la macchina, scende e va a casa. D'improvviso vede un gattino su un albero che miagola forte.

"Vieni giù! Micetto, micetto!", dice David. Ma il gattino non si muove. "Che posso fare adesso?" pensa David.

"So io come farti venire giù", dice David. Apre il bagagliaio della macchina e tira fuori una corda lunga. Poi lega la corda al ramo su cui siede il gattino. Lega l'altro capo della corda alla sua macchina. David entra in

„Dann musst du zum Hl. Nikolaus beten. Er bringt guten Kindern immer Geschenke", antwortet ihre Mutter.

Tina schaut aus dem Fenster. Draußen ist es dunkel und es schneit. Tina schließt ihre Augen und beginnt von dem Aquarium mit Goldfischen zu träumen.

Ein Auto fährt am Haus vorbei. Es bleibt beim Haus nebenan stehen. David fährt es. Er lebt im Haus nebenan. Er parkt das Auto, steigt aus und geht nach Hause. Plötzlich sieht er, dass ein Kätzchen in einem Baum sitzt und laut miaut.

„Komm runter! Miez, miez!", sagt David. Aber das Kätzchen bewegt sich nicht. „Was soll ich jetzt machen?", denkt David.

„Ich weiß, wie ich es schaffe, dass du herunterkommst", sagt David. Er öffnet den Kofferraum und nimmt ein langes Seil heraus. Dann bindet er das Seil an den Ast, auf dem das Kätzchen sitzt. Das andere Ende des Seils bindet er an

macchina, accende il motore e si muove poco poco. Il ramo si piega verso il basso. David va al ramo e tenta di raggiungere il gattino. Lo ha quasi raggiunto. David tira leggermente la fune con la mano e il ramo si curva ancora di più verso il basso. David si alza sulle punte dei piedi e allunga la mano. Ma in quel momento la corda si lacera e il gattino vola dall'altro lato.

"Oh-oh!" grida David. Il gattino vola nella casa accanto, in cui vive Tina. David corre dietro al gattino.

In quel momento Tina siede al tavolo insieme a sua madre. La mamma legge ad alta voce un passo dalla Bibbia e Tina ascolta con attenzione. Improvvisamnete il gattino entra volando attraverso la finestra. Tina grida sorpresa.

"Guarda, mamma! Babbo Natale mi ha regalato un

sein Auto. David setzt sich in das Auto, startet den Motor und fährt ein kleines Stück. Der Ast biegt sich weiter nach unten. David geht zu dem Ast und versucht das Kätzchen zu erreichen. Er erreicht es beinahe. David zieht leicht mit seiner Hand am Seil und der Ast biegt sich noch weiter nach unten. David steht auf seinen Zehenspitzen und streckt seine Hand aus. Aber in diesem Moment reißt das Seil auseinander und das Kätzchen fliegt auf die andere Seite.

„Oh oh!", schreit David. Das Kätzchen fliegt zum Nachbarhaus, in dem Tina lebt. David rennt dem Kätzchen nach.

Zu diesem Zeitpunkt sitzt Tina mit ihrer Mutter am Tisch. Die Mutter liest aus der Bibel vor und Tina hört aufmerksam zu. Plötzlich fliegt das Kätzchen durch das Fenster. Tina schreit überrascht.

„Schau, Mama! Der Hl. Nikolaus schenkt mir ein Kätzchen!", schreit

micetto!" grida Tina contenta.
Lei prende il gattino fra le sue
mani e lo accarezza dolcemente.
Suonano alla porta. La mamma
apre. Alla porta c'è David.

"Buonasera! Il gattino è da
lei?" chiede David alla mamma
di Tina.

"Sì, è qui", risponde Tina. Il
micetto le siede in braccio e fa le
fusa. David vede che la bambina
è molto felice.

"Bene. Allora ha trovato la
sua casa", dice David sorridendo
e torna a casa.

Tina vergnügt. Sie nimmt das
Kätzchen in ihre Hände und
streichelt es sanft. Es klingelt an
der Tür. Die Mutter öffnet die Tür.
David ist an der Tür.

„Guten Abend! Ist das Kätzchen
bei Ihnen?", fragt David Tinas
Mutter.

„Ja, es ist hier", antwortet Tina.
Das Kätzchen sitzt in ihren Armen
und schnurrt. David sieht, dass sich
das Mädchen sehr freut.

„Sehr gut. Dann hat es sein zu
Hause gefunden", sagt David
lächelnd und geht zurück nach
Hause.

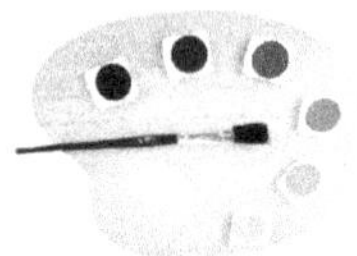

16

Die Audiodatei

Confessioni in una busta da lettere
Geständnisse in einem Briefkuvert

 **A**

Vocaboli
Vokabeln

1. accompagna - begleitet
2. adatto - geeignet
3. aereo, l' - Flugzeug, das
4. alba, l' - Tagesanbruch, der
5. amare - lieben
6. ambiente, l' - Umgebung, die
7. ammira - bewundert
8. antico - alte
9. arrabbiata - wütend
10. arrivo, l' - Ankunft, die
11. arrossisce - errötet
12. attacca; riattacca (il telefono) - legt auf
13. bellezze da vedere, le - Sehenswürdigkeiten, die
14. bello - schön
15. biasimare - kritisieren
16. biglietto, il - Ticket, das
17. brillante - leuchtend
18. bruscamente - schroff
19. busta da lettera, la - Briefkuvert, das; Briefumschlag, der
20. caffè, il - Kaffee, der
21. capì; capito - verstand
22. cartoline, le - Postkarten, die

23. cattedrale, la - Kathedrale, die
24. centro, il - Zentrum, das
25. chattano - chatten
26. chiude - verschließt
27. città natale, la - Heimatstadt, die
28. colorate - farbige
29. compone - verfasst
30. comprato - gekauft
31. confessione, la; dichiarazione, la - Geständnis, das
32. consigliare - empfehlen
33. corriere, il - Zustelldienst, der
34. del luogo - lokalen
35. detto - gesprochen
36. disperazione, la - Verzweiflung, die
37. diverse - verschiedene
38. è un peccato - es ist schade
39. email, la - E-Mail, die
40. fan, i - Fans, die
41. fare le valigie - packen
42. forum, il - Forum, das
43. freddo - kalt
44. impressioni, le - Eindrücke, die
45. in ogni caso - auf jeden Fall
46. incantato - entzückt
47. incantevole - bezauberndes
48. incontrare - treffen
49. indifferente - gleichgültig
50. inizio, l' - Anfang, der
51. internet - Internet, das
52. invita - lädt ein
53. lettera, la - Brief, der
54. luglio - Juli, der
55. magnifico - toll
56. mandare - senden
57. mezzogiorno, il - Mittag, der
58. moderno - modern
59. palazzi, i - Gebäude, die
60. passione, la - Leidenschaft, die
61. per lavoro - geschäftlich
62. persona, la - Person, die
63. più antica - älteste
64. poesia, la - Poesie, die
65. poesie, le - Gedichte, die
66. possibile - möglich
67. prende - nimmt
68. pronte - bereit
69. raccomanda - empfiehlt
70. reagire - reagieren
71. riceve - erhält
72. ricevuto - bekommen
73. romantica - romantisch
74. rosso - rot
75. saluta - begrüßt
76. semplice - einfach
77. sentimenti, i - Gefühle, die
78. si comporta - verhält
79. si; a se stesso - sich
80. sparita - weg
81. spuntino, lo - Snack, der
82. stupido - blöde
83. tale - solch
84. terribile - grauenvoll
85. terribilmente - fürchterlich
86. timidamente - schüchtern
87. timido - schüchtern

88. uccidere - töten
89. vacanza, la - Urlaub, der
90. valigia, la - Koffer, der

91. volare, predere un aereo - fliegen
92. volo, il - Flug, der

B

Confessioni in una busta da lettera

Robert si interessa di poesia moderna. Quotidianamente trascorre molto tempo su internet. Visita diversi forum e chat sulla poesia. In un forum per amanti della poesia incontra Elena. Anche a lei piace la poesia e scrive belle poesie. Robert ammira le sue poesie. A Robert piace molto anche lei. Lei è una studentessa. È un peccato che viva in un'altra città. Chattano tutti i giorni ma ancora non si sono mai visti. Robert sogna di incontrarla.

Un giorno Elena gli scrive che vorrebbe andare in vacanza in un'altra città. Lei dice che vuole cambiare ambiente per un po' e desidera raccogliere

Geständnisse in einem Briefkuvert

Robert interessiert sich für moderne Poesie. Er verbringt täglich viel Zeit im Internet. Er besucht oft verschiedene Foren und Chats über Poesie. In einem Forum für Poesieliebhaber trifft er Elena. Sie mag Poesie auch. Sie schreibt gute Gedichte. Robert bewundert ihre Gedichte. Und er mag auch Elena sehr gerne. Sie ist eine Studentin. Es ist schade, dass sie in einer anderen Stadt wohnt. Sie chatten jeden Tag im Internet, aber sie haben sich noch nie gesehen. Robert träumt davon, Elena zu treffen.

Eines Tages schreibt ihm Elena, dass sie in einer anderen Stadt Urlaub machen möchte. Sie sagt, dass sie einen Umgebungswechsel

nuove impressioni. Robert la invita con piacere ed Elena accetta.

Arriva all'inzio di luglio e pernotta in un hotel. Robert è incantato da lei. Elena è davvero una ragazza incantevole. Il giorno del suo arrivo Robert le mostra le bellezze del luogo.

"Questa è la più antica cattedrale della città. Mi piace venire qui", dice Robert.

"Oh, qui è semplicemente magnifico!" risponde Elena.

"Ci sono posti interessanti nella tua città natale?" chiede Robert. "Mia sorella Gabi andrà lì qualche giorno per motivi di lavoro. Vorrebbe che le consigliassi qualche posto", dice lui.

"Il centro della città è molto bello", raccomanda Elena. "Ci sono molti palazzi antichi. Ma

will und neue Eindrücke sammeln möchte. Robert lädt sie mit Vergnügen ein. Elena stimmt zu.

Sie kommt Anfang Juli an und übernachtet in einem Hotel. Robert ist von ihr entzückt. Elena ist wirklich ein bezauberndes Mädchen. Am Tag ihrer Ankunft zeigt Robert ihr die lokalen Sehenswürdigkeiten.

„Das ist die älteste Kathedrale in der Stadt. Ich komme hier gerne her", sagt Robert.

„Oh, hier ist es einfach toll!", antwortet Elena.

„Gibt es interessante Orte in deiner Heimatstadt?", fragt Robert. „Meine Schwester Gabi wird geschäftlich in einigen Tagen dorthin fliegen. Sie bittet dich, ihr einige Orte dort zu empfehlen", sagt er.

„Das Stadtzentrum ist sehr schön", empfiehlt Elena. „Dort gibt es sehr viele alte Gebäude. Aber

se vuole fare uno spuntino è meglio che non vada al caffè 'Big Bill'. Il caffè è terribile!"

"Glielo dirò sicuramente", dice Robert ridendo.

La sera, Robert accompagna Elena all'hotel. Per tutta la strada verso casa riflette su cosa deve fare. Vorrebbe confessarle i suoi sentimenti ma non sa come fare. Lei si comporta come una buona amica e lui non sa come potrebbe reagire alla sua dichiarazione d'amore. In sua compagnia è timido. Alla fine decide di confessarle il suo amore in una lettera. Ma non vuole mandarle il messaggio per email. Non gli sembra un modo adatto per una ragazza romatica come Elena. In un negozio vicino casa vede delle cartoline e delle buste da lettera colorate. A Robert piacciono le buste da lettera

wenn sie einen kleinen Snack essen will, sollte sie nicht in das Kaffeehaus ‚Big Bill' gehen. Der Kaffee ist dort grauenvoll!"

„Das werde ich ihr auf jeden Fall ausrichten", sagt Robert und lacht.

Am Abend begleitet Robert Elena bis zum Hotel. Auf dem ganzen Weg nach Hause denkt er dann darüber nach, was er tun soll. Er möchte Elena von seinen Gefühlen erzählen, aber er weiß nicht, wie er es machen soll. Sie verhält sich wie eine gute Freundin und er weiß nicht, wie sie auf sein Geständnis reagieren würde. In ihrer Nähe ist er schüchtern. Deshalb entscheidet er sich schließlich ihr seine Liebe in einem Brief zu gestehen. Aber er möchte ihr die Botschaft nicht per E-Mail senden. Das scheint ihm nicht passend für so ein romantisches Mädchen wie Elena. In einem Laden in der Nähe von zu Hause sieht er Postkarten und farbige Briefkuverts. Robert mag

rosso brillante e ne compra una. Spera che piacerà anche ad Elena. La sera arriva Gabi, la sorella di Robert.

"Allora, ti piace Elena?" chiede.

"Sì, è davvero una ragazza incantevole", risponde Robert.

"Mi fa piacere sentirlo. Domani a mezzogiorno andrò nella sua città. Ho già comprato il biglietto", continua Gabi.

"Ti consiglia di visitare il centro della città", dice Robert.

"Okay. Per favore, ringraziala per il consiglio", replica Gabi.

Tutta la notte Robert siede al tavolo del salotto e scrive ad Elena la sua dichiarazione d'amore. Le scrive una lunga dichiarazione d'amore.

All'alba chiude la lettera in una busta rossa e la lascia sul tavolo. Al mattino chiama un corriere e gli consegna la

leuchtend rote Briefkuverts und er kauft eines. Er hofft, dass Elena es auch mögen wird. Roberts Schwester Gabi kommt am Abend.

„Und, magst du Elena?", fragt sie.

„Ja, sie ist ein sehr bezauberndes Mädchen", antwortet Robert.

„Ich freue mich das zu hören. Ich werde morgen Mittag in ihre Stadt fliegen. Ich habe das Ticket schon gekauft", redet Gabi weiter.

„Sie empfiehlt dir, das Stadtzentrum zu besichtigen", sagt Robert.

„In Ordnung. Bedanke dich bitte bei ihr für den Ratschlag", antwortet Gabi.

Robert sitzt die ganze Nacht am Tisch im Wohnzimmer und verfasst sein Liebesgeständnis an Elena. Er schreibt ihr ein langes Liebesgeständnis. Bei Tagesanbruch verschließt er den Brief im roten Umschlag und lässt ihn auf dem Tisch liegen. Am

lettera. Vuole che Elena riceva il più presto possibile la sua dichiarazione d'amore. Robert è molto preoccupato e perciò va a fare una passeggiata. Un'ora dopo telefona ad Elena.

"Buon giorno, Lena", la saluta.

"Buon giorno, Robert", gli risponde.

"Hai già ricevuto la mia lettera?" le chiede arrossendo.

"Sì, l'ho ricevuta", dice fredda.

"Forse potremmo vederci e fare una passeggiata...", dice lui timidamente.

"No. Devo fare le valigie. Mi stanno già aspettando a casa", dice lei bruscamente e riattacca. Robert è semplicemente disperato. Non sa cosa deve fare. Inizia a biasimare se stesso per aver scritto la dichiarazione d'amore. In quel momento

Morgen ruft er einen Zustelldienst und gibt ihm den Brief. Er möchte, dass Elena sein Liebesgeständnis so bald wie möglich erhält. Robert macht sich viele Sorgen und deshalb geht er spazieren. Er ruft Elena eine Stunde später an.

„Guten Morgen, Lena", begrüßt er sie.

„Guten Morgen, Robert", antwortet sie ihm.

„Hast du meinen Brief schon bekommen?", fragt er und errötet.

„Ja, habe ich", sagt sie kalt.

„Vielleicht können wir uns treffen und spazieren gehen...", sagt er schüchtern.

„Nein. Ich muss meinen Koffer packen. Zu Hause warten sie schon auf mich", sagt sie schroff und legt auf. Robert ist einfach verzweifelt. Er weiß nicht, was er tun soll. Er beginnt, sich selbst zu kritisieren, weil er das Liebesgeständnis geschrieben hat. In diesem Moment

chiama sua sorella. È
terribilmente arrabbiata.

"Robert, dov'è il mio biglietto
aereo? L'avevo lasciato sul
tavolo in salotto! Era in una
busta rossa! Ma è sparito! Nella
busta c'è solo una lettera! Che
stupido scherzo!" urla Gabi.

Robert non riesce a crederci.
Ora capisce tutto. Elena ha
ricevuto dal corriere il biglietto
del volo che parte oggi per la
sua città. Si era convinta che lei
a Robert non piacesse e che lui
voleva che lasciasse la città.

"Robert, perché non
diciniente?" dice Gabi
arrabbiata. "Dov'è il mio
biglietto?"

Robert si rende conto che
oggi due due donne in una volta
sola sono pronte ad ucciderlo.
Ma è felice di non essere
indifferente a Elena. Con quale
passione ha parlato con lui!
Anche lei prova dei sentimenti
verso di lui! Corre felice verso

ruft ihn seine Schwester an. Sie ist
fürchterlich wütend.

„Robert, wo ist mein Flugticket?
Ich habe es auf dem Tisch im
Wohnzimmer liegen gelassen! Es
war in einem roten Briefkuvert.
Aber jetzt ist es weg! Es ist nur ein
Brief im Kuvert! Was soll dieser
blöde Scherz?!", schreit Gabi.

Robert kann es nicht glauben.
Jetzt versteht er alles. Elena hat
vom Zustelldienst ein Ticket für den
heutigen Flug in ihre Stadt
bekommen. Sie war überzeugt
davon, dass Robert sie nicht mag
und dass er möchte, dass sie die
Stadt verlässt.

„Robert, warum sagst du
nichts?", sagt Gabi wütend. „Wo ist
mein Ticket?"

Robert versteht, dass heute zwei
Frauen auf einmal bereit sind, ihn
zu töten. Aber er freut sich, dass er
Elena nicht gleichgültig ist. Wie
leidenschaftlich sie mit ihm
gesprochen hat! Sie hat auch

casa e prende la dichiarazione d'amore sul tavolo e corre da Elena per leggergliela ad alta voce e di persona.

Gefühle für ihn! Er rennt vergnügt nach Hause, nimmt das Liebesgeständnis vom Tisch und rennt zu Elena, um es ihr persönlich vorzulesen.

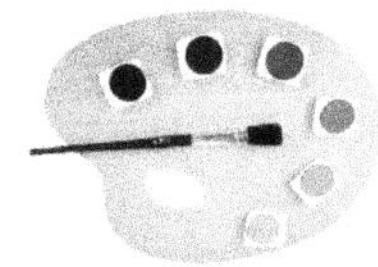

17

Die Audiodatei

Una specialità della casa
Eine Spezialität des Hauses

 **A**

Vocaboli
Vokabeln

1. accoppiamento, l' - Paarung, die
2. avvisare - Bescheid sagen
3. avvolgere; impacchettare - einpacken
4. brevemente - kurz
5. complicato - kompliziert
6. con gli occhi sgranati - mit großen Augen
7. delizioso - köstlich
8. dietro - hinter
9. dipendenti, i - Leute, die
10. forno, il - Backrohr, das
11. freddo - kalt
12. friggere; arrostire - braten

13. gambe, le; zampe, le - Beine, die
14. impegnarsi molto - sich sehr bemühen
15. iniziò - begann
16. interrompe - unterbricht
17. invitante - verlockend
18. minuti, i - Minuten, die
19. pacchetto, il - Packung, die
20. pellicola, la; carta da cucina, la - Folie, die
21. picnic, il - Picknick, das
22. piuttosto - ziemlich
23. pollo, il - Hähnchen, das
24. portato - gebracht
25. rumore, il - Lärm, der
26. specialità, la - Spezialität, die
27. sporgenti, che sporgono - hervorstehend
28. spruzza - bespritzt
29. svenne - wurde ohnmächtig
30. telefonare - anrufen
31. terribile - schrecklich
32. urgentemente - dringend

 **B**

Una specialità della casa

Gabi cucina un pollo con le verdure molto buono. È una sua specialità. Un giorno Robert chiede a Gabi di cucinargli questo piatto delizioso. Robert farà un picnic con i suoi amici e vuole far felici i suoi amici con un piatto gustoso. Non vuole che Gabi frigga il pollo ma che lo cuocia al forno. Ma Gabi gli propone di arrostirlo velocemente perché non ha abbastanza tempo. Robert è d'accordo.

Eine Spezialität des Hauses

Gabi kocht sehr gutes Hähnchen mit Gemüse. Es ist ihre Spezialität. Eines Tages bittet Robert sie, ihm dieses köstliche Gericht zu kochen. Robert wird mit seinen Freunden ein Picknick machen. Er möchte seinen Freunden mit einem leckeren Gericht eine Freude machen. Er will, dass Gabi das Hähnchen nicht brät, sondern im Backrohr bäckt. Aber Gabi bietet ihm an, es schnell zu braten, weil sie nicht genug Zeit hat. Robert ist einverstanden.

“Gabi, non faccio in tempo a passare a prendere il pollo”, le dice Robert, “verrà Elena a prendere il pollo da te. Va bene?”

“Ok”, dice Gabi, “lo darò ad Elena”.

Gabi mette tutto il suo impegno per cucinare bene il pollo con le verdure. È una ricetta piuttosto complicata. Ma Gabi è una cuoca eccellente. Finalmente il pollo è pronto. Il piatto ha un aspetto invitante. Gabi guarda l'orologio. Elena dovrebbe arrivare tra poco. Improvvisamente Gabi riceve una telefonata dal lavoro. Oggi Gabi è libera ma alcuni dipendenti le chiedono di fare un salto brevemente al lavoro per un problema importante. Deve andare urgentemente. In casa ci sono anche una tata anziana e un bambino. La tata ha inziato da poco a lavorare da

„Gabi, ich habe keine Zeit um vorbeizukommen und das Hähnchen rechtzeitig abzuholen“, sagt Robert zu ihr, „Elena wird zu dir kommen und das Hähnchen abholen. In Ordnung?“

„In Ordnung“, sagt Gabi, „ich werde es Elena geben.“

Gabi bemüht sich sehr, das Hähnchen mit Gemüse gut zu kochen. Es ist ein ziemlich kompliziertes Gericht. Aber Gabi ist eine hervorragende Köchin. Das Hähnchen ist endlich fertig. Das Gericht sieht sehr verlockend aus. Gabi sieht auf die Uhr. Elena sollte bald kommen. Aber plötzlich wird Gabi aus der Arbeit angerufen. Heute hat Gabi frei, aber Leute in ihrer Arbeit bitten sie, wegen eines wichtigen Problems kurz vorbeizukommen. Sie sollte dringend hinfahren. Es ist auch ein altes Kindermädchen und ein Kind zu Hause. Das Kindermädchen hat erst vor kurzem angefangen, bei

loro.

"Devo andare via brevemente per lavoro", dice Gabi alla tata. "Tra dieci minuti verrà una ragazza a prendersi il pollo. Il pollo si sta già freddando. Deve avvolgerlo nella pellicola e darlo alla ragazza. Va bene?" chiede.

"Va bene", replica la tata. "Non si preoccupi, Gabi. Farò come ha detto".

"Grazie!" Gabi ringrazia la tata e va via per motivi di lavoro. Dieci minuti dopo arriva una ragazza

"Salve. Vengo per...", dice.

"Lo so, lo so", la tata la interrompe, "lo abbiamo già fritto".

"Lo ha fritto?" la ragazza fissa la tata con gli occhi sgranati.

"So che non lo volevate friggere, ma non si preoccupi,

ihnen zu arbeiten.

„Ich muss kurz beruflich weggehen", sagt Gabi zu dem Kindermädchen. „Eine junge Frau wird das Hähnchen in zehn Minuten abholen. Das Hähnchen wird jetzt schon kalt. Sie müssen es in Folie einpacken und der jungen Frau geben. In Ordnung?", fragt sie.

„In Ordnung", antwortet das Kindermädchen. „Machen Sie sich keine Sorgen, Gabi. Ich werde es genau so machen."

„Danke!", bedankt sich Gabi bei dem Kindermädchen und geht aus beruflichen Gründen weg. Zehn Minuten später kommt eine junge Frau.

„Hallo. Ich komme um...", sagt sie.

„Ich weiß, ich weiß", unterbricht sie das Kindermädchen, „wir haben es schon gebraten."

„Sie haben es gebraten?", die junge Frau starrt das Kindermädchen mit großen Augen an.

„Ich weiß, dass sie es nicht braten wollten. Aber keine Sorge,

lo abbiamo fritto bene. È molto gustoso! Glielo impacchetto", dice la tata e va in cucina. La ragazza segue lentamente la tata in cucina.

"Perché lo ha fritto?" chiede nuovamente la ragazza.

"So che non lo volevate avere così, ma non si preoccupi", risponde la tata, "è molto buono. Ne sarà contenta".

La ragazza vede che la tata impacchetta qualcosa di fritto. Le zampe sporgono. Improvvisamente, la signora anziana sente un rumore, si volta e vede che la ragazza è svenuta.

"Oh, ma è terribile!" grida la signora anziana. "Cosa faccio adesso?" Spruzza dell'acqua sulla ragazza e lei ritorna lentamente in sé. In quel momento Gabi torna a casa.

wir haben es gut gebraten. Es ist sehr lecker geworden. Ich werde es für Sie einpacken", sagt das Kindermädchen und geht in die Küche. Die junge Frau folgt dem Kindermädchen langsam in die Küche.

„Warum haben Sie es gebraten?", fragt die junge Frau noch einmal.

„Ich weiß, dass sie es nicht so haben wollten. Aber keine Sorge", antwortet das Kindermädchen, „es ist sehr lecker. Sie werden sich freuen."

Die junge Frau sieht, dass die alte Frau etwas Gebratenes einpackt. Die Beine stehen hervor. Plötzlich hört die alte Frau einen Lärm und dreht sich um. Sie sieht, dass die junge Frau ohnmächtig geworden ist.

„Oh, wie schrecklich!", schreit die alte Frau. „Was soll ich jetzt machen?" Sie bespritzt die junge Frau mit Wasser und die junge Frau kommt langsam zu sich. In diesem Moment kommt Gabi zurück nach Hause.

"Oh, mi ero dimenticata di avvertirla", dice Gabi alla tata. "Questa è la mia amica, è venuta a riprendersi la sua gatta. L'ha portata dal nostro gatto per farli accoppiare. E qui cosa è successo?"

„Oh, ich habe vergessen, Ihnen Bescheid zu sagen", sagt Gabi zu dem Kindermädchen. „Das ist meine Freundin, die gekommen ist um ihre Katze wieder abzuholen. Sie hat sie zu unserem Kater gebracht, damit sie sich paaren können. Und was ist hier passiert?"

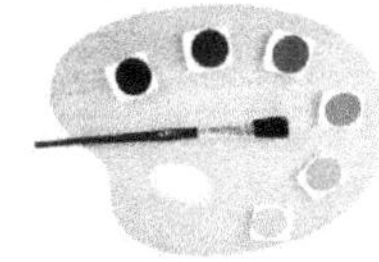

18

Tulipani e mele
Tulpen und Äpfel

A

Vocaboli
Vokabeln

1. aiuola, l' - Blumenbeet, das
2. anziano - älterer
3. appartiene - gehört
4. articoli (di legge), gli - Paragrafen, die
5. bloc-notes, il - Notizbücher, die
6. buonsenso, il - gesunder Menschenverstand
7. con entusiasmo - enthusiastisch
8. cresce - wächst
9. dettaglio, il - Detail, das
10. discutono - diskutieren
11. disputa, la - Streit, der
12. fioriscono - blühen
13. giudice, il - Richter, der

14. giurisprudenza, la; diritto, il -
    Rechtswissenschaft, die
15. interessati - interessiert
16. leggi, le - Gesetze, die
17. mela, la - Apfel, der
18. opinione, l' - Meinung, die
19. preferite - liebsten
20. primavera, la - Frühling, der
21. provano - beweisen
22. punto, il; posto, il - Stelle, die
23. ragione, la - Verstand, der
24. rami, i - Äste, die
25. risolvere - lösen
26. rovinano, distruggono -
    zerstören
27. sbagliati - falsch

28. scrisse - schrieb
29. scuote - schüttelt
30. semplice - einfach
31. separato - getrennt
32. severo - streng
33. soluzione, la - Lösung, die
34. sovrastano - hängen
35. steccato, lo; staccionata, la -
    Zaun, der
36. studia - studiert
37. stupore, lo; meraviglia, la -
    Erstaunen, das
38. su, riguardo a - über
39. tribunale, il - Gericht, das
40. tulipani, i - Tulpen, die

 **B**

Tulipani e mele

A Robert piace studiare. Una delle sue materie preferite è diritto. Il docente di diritto è un professore anziano. È molto severo e spesso dà ai suoi studenti esercizi difficili

Un giorno il professore decide di fare un test. Pone un interessante quesito riguardo a due vicini di casa. I vicini vivono a poca distanza l'uno dall'altro.

Tulpen und Äpfel

Robert studiert gerne. Und eines seiner liebsten Fächer ist Rechtswissenschaft. Der Lehrer der Rechtswissenschaft ist ein älterer Professor. Er ist sehr streng und gibt seinen Studenten oft schwierige Aufgaben.

Eines Tages beschließt der Professor einen Test zu machen. Er stellt eine interessante Aufgabe über zwei Nachbarn. Die

C'è solo uno steccato tra le loro proprietà. Da un lato dello steccato cresce un melo. Dall'altro lato dello steccato c'è invece un'aiuola con dei tulipani. L'aiuola appartiene all'altro vicino. Ma l'albero di mele è molto grande. I suoi rami sovrastano lo steccato e si affacciano nel giardino dell'altro vicino. Le mele cadono proprio sull'aiuola e rovinano i fiori. Il professore chiede agli studenti in che modo un giudice in tribunale potrebbe risolvere questa disputa.

Alcuni studenti ritengono che abbia ragione il proprietario dei tulipani. Altri dicono che ha ragione il proprietario dell'albero di mele. Menzionano diverse leggi che provano che hanno ragione. Gli studenti discutono tra loro l'esercizio con grande entusiasmo. Ma a questo punto il professore chiede loro di terminare la discussione.

Nachbarn leben sehr nahe beieinander. Es steht nur ein Zaun zwischen ihren Grundstücken. Auf der einen Seite des Zauns wächst ein Apfelbaum. Es gibt ein Blumenbeet mit Tulpen auf der anderen Seite des Zauns. Das Blumenbeet gehört dem anderen Nachbarn. Aber der Apfelbaum ist sehr groß. Seine Äste hängen über den Zaun in den Garten des anderen Nachbars. Die Äpfel fallen genau in das Blumenbeet und zerstören die Blumen. Der Professor fragt die Studenten, wie ein Richter im Gericht diesen Streit lösen würde.

Einige Studenten glauben, dass der Besitzer der Tulpen recht hat. Andere sagen, dass der Besitzer des Apfelbaumes recht hat. Sie nennen verschiedene Gesetze, die beweisen, dass sie recht haben. Die Studenten diskutieren enthusiastisch die Aufgabe untereinander. Aber an dieser Stelle bittet sie der Professor, den Streit zu beenden.

"Ognuno di voi ha la propria opinione", dice il professore. "Aprite i vostri bloc-notes per il test e scrivete nel dettaglio la vostra soluzione per questo esercizio".

In classe c'è un gran silenzio. Tutti scrivono le loro risposte sui bloc-notes. Robert scrive che il proprietario dei tulipani ha ragione e spiega nel dettaglio la sua opinione.

In un'ora la lezione volge al termine e il professore ritira gli elaborati degli studenti. Infila tutti i test nella sua borsa ed è sul punto di andarsene. Ma gli studenti gli chiedono di restare ancora un momento. Sono interessati a sapere qual è la soluzione dell'esercizio.

"Professore, qual'era la risposta giusta?" chiede Robert. "Tutti noi vogliamo saperlo". Il professore ride furbescamente.

"Vedete", replica il professore,

„Jeder von euch hat seine eigene Meinung", sagt der Professor. „Öffnet jetzt bitte eure Notizbücher für den Test und schreibt bitte eure Lösung für diese Aufgabe im Detail auf."

Es wird still im Klassenzimmer. Alle schreiben ihre Antworten in die Notizbücher. Robert schreibt, dass der Besitzer der Tulpen recht hat und erklärt seine Meinung im Detail.

In einer Stunde geht die Vorlesung zu Ende und der Professor sammelt die Arbeiten der Studenten ein. Er steckt alle Tests zusammen in seinen Koffer und ist kurz davor wegzugehen. Aber die Studenten bitten ihn, noch eine kurze Weile zu bleiben. Sie sind daran interessiert zu wissen, welche Lösung der Aufgabe die richtige ist.

„Herr Professor, was war die richtige Antwort?", fragt Robert. „Wir wollen es alle wissen!" Der Professor lacht verschmitzt.

"è molto semplice. I tulipani fioriscono in primavera mentre le mele cadono dall'albero in autunno. Per questo motivo le mele non possono cadere sui tulipani. Una situazione del genere non può verificarsi".

Stupiti, gli studenti comprendono che ha ragione. E questo significa che le loro risposte sono sbagliate e che riceveranno dei brutti voti al loro test.

"Ma professore, dopotutto abbiamo fatto degli ottimi test", dice uno degli studenti, "noi conosciamo le leggi abbastanza bene. Non può darci dei brutti voti per via dei tulipani".

Ma il professore scuote il capo.

"Non basta consoscere le leggi", chiarisce, "voi dovete prima usare il vostro buonsenso e poi riflettere sugli articoli della legge!"

„Wisst ihr", antwortet der Professor, „es ist sehr einfach. Tulpen blühen im Frühling. Und Äpfel fallen nur im Herbst vom Baum. Aus diesem Grund können die Äpfel nicht auf die Tulpen fallen. Diese Situation kann nicht stattfinden."

Die Studenten begreifen erstaunt, dass er recht hat. Und das bedeutet, dass ihre Antworten falsch sind und sie schlechte Noten auf ihre Tests bekommen werden.

„Aber Herr Professor, wir haben trotz allem sehr gute Tests geschrieben", sagt einer der Studenten, „wir kennen die Gesetze ziemlich gut. Sie können uns nicht nur wegen der Tulpen schlechte Noten geben."

Aber der Professor schüttelt seinen Kopf.

„Es reicht nicht, die Gesetze zu kennen", erklärt er, „ihr solltet erst euren gesunden Menschenverstand einschalten und erst dann über die Gesetzesparagrafen nachdenken!"

19

Torta
Torte

 **A**

Vocaboli
Vokabeln

1. cassetto, il - Schublade, die
2. cavarsela - zurechtkommen
3. colla, la - Kleber, der; Klebstoff, der
4. compleanno, il - Geburtstag, der
5. computer, il - Computer, der
6. confezione, la - Packung, die
7. corrispondente - entsprechend
8. credenze da cucina, le; armadi, gli - Schränke, die
9. crema, la - Creme, die
10. cucina - kocht
11. culinario - kulinarisch
12. cuocendo al forno - backend
13. cuocere in forno - backen

14. cuoio, il; pelle, la - Leder, das
15. davvero - wirklich
16. di otto anni - achtjährige
17. esplosione, l' - Explosion, die
18. figlia, la - Tochter, die
19. forse - vielleicht
20. fratello, il - Bruder, der
21. frigorifero, il - Kühlschrank, der
22. fumo, il - Rauch, der
23. genitori, i - Eltern, die
24. gioco, il - Spiel, der
25. incollare - kleben
26. lavoro, il - Arbeit, die
27. legno, il - Holz, das
28. oggetti, gli - Gegenstände, die
29. omelette, l' - Omelett, das
30. orgogliosa - stolz
31. padre, il - Vater, der
32. papà, il - Vater, der; Papa, der
33. parola, la - Wort, das
34. pericoloso - gefährlich
35. pieno - voll
36. più basso - unterste
37. porcellana, la - Porzellan, das
38. profumo, il - Geruch, der
39. quaranta - vierzig
40. ricetta, la - Rezept, das
41. sconcertata, confusa - verwirrt
42. scritta, la - Aufschrift, die
43. scritte in caratteri piccoli, le - Kleingedruckte, das
44. si considera - hält sich
45. sorellina, la - Schwester, die; Schwesterherz, das
46. spalmare, ingrassare - einfetten
47. sporco; schizzato - bespritzt
48. stampa, la - Druck, der
49. talento, il - Talent, das
50. torta, la - Torte, die
51. tubetto, il - Tube, die
52. zuppa, la - Suppe, die

B

Torta

La piccola di Nancy ha otto anni e le piace cucinare. Sa preparare una deliziosa zuppa e un'omelette. Qualche volta Linda aiuta sua figlia, ma Nancy se la cava bene anche da sola.

Torte

Die achtjährige Nancy kocht sehr gerne. Sie kann eine köstliche Suppe und ein Omelett zubereiten. Linda hilft ihrer Tochter manchmal, aber Nancy kommt auch ganz gut alleine zurecht. Alle sagen, dass das

Tutti dicono che la ragazzina ha un gran talento per la cucina. Nancy ne va orgogliosa. Lei si considera una vera cuoca. Così un giorno decide di preparare un regalo per il compleanno di suo padre Christian. Gli vuole cucinare una torta deliziosa. Nancy trova una ricetta per una torta. I suoi genitori vanno a lavorare e Nancy rimane a casa con suo fratello. Ma David non le presta attenzione. Sta giocando in camera sua con un videogioco per il computer. Nancy inizia a preparare la torta. Si attiene strettamente alla ricetta e sembra che lei sia in grado di fare tutto. Quando improvvisamente legge nella ricetta: "Spalmare della colla alimentare sull'impasto". Nancy è sconcertata. C'è davvero molto cibo nel frigorifero ma non c'è della colla. Inizia a cercare nelle credenze in cucina quando improvvisamente nel cassetto

Mädchen ein kulinarisches Talent besitzt. Nancy ist sehr stolz darauf. Sie hält sich selbst für eine echte Köchin. Daher beschließt sie eines Tages, für ihren Vater Christian ein Geschenk zu seinem Geburtstag zuzubereiten. Sie möchte ihm eine köstliche Torte backen. Nancy findet ein geeignetes Rezept für eine Torte. Ihre Eltern gehen arbeiten und Nancy bleibt mit ihrem Bruder zu Hause. Aber David passt nicht auf sie auf. Er spielt gerade in seinem Zimmer ein Computerspiel. Nancy beginnt, die Torte zuzubereiten. Sie folgt streng dem Rezept und es scheint, als könne sie alles machen. Als sie plötzlich folgendes im Rezept liest: „Fetten Sie den Teig mit kulinarischem Kleber ein." Nancy ist verwirrt. Es gibt sehr viel Essen im Kühlschrank, aber keinen Klebstoff. Sie beginnt in den Küchenschränken zu suchen, als sie plötzlich in der untersten Schublade eine Tube mit der

più in basso trova un tubetto con su scritto "colla". Tuttavia sulla confezione non c'è scritto "alimentare" Ma Nancy decide che non è poi così importante. La cosa più importante è che sia colla. Questa colla serve per incollare oggetti di legno, cuoio o porcellana. Ma Nancy non ha letto ciò che è scritto in caratteri piccoli. Spalma bene l'impasto con la colla come dice la ricetta. Poi mette l'impasto nel forno e lascia la cucina. La torta doveva cucinare in forno per quaranta minuti.

Venti minuti dopo i suoi genitori tornano a casa.

"Cos'è questo delizioso profumino che proviene dalla cucina?" chiede Christian.

Nancy stava per rispondergli quando improvvisamente sente un'esplosione in cucina! Sorspreso, Christian apre la porta della cucina e vede che è tutta piena di fumo. Lo sportello

Aufschrift „Kleber" findet. Das Wort „kulinarisch" steht jedoch nicht auf der Packung. Aber Nancy beschließt, dass das nicht so wichtig ist. Das wichtigste ist ja schließlich, dass es Klebstoff ist. Dieser Kleber ist jedoch dazu da, um Gegenstände aus Holz, Leder oder Porzellan zusammenzukleben. Aber Nancy hat das Kleingedruckte nicht gelesen. Sie fettet den Teig entsprechend dem Rezept mit dem Kleber ein. Dann stellt sie den Teig in das Backrohr und verlässt die Küche. Die Torte sollte vierzig Minuten lang backen.

Zwanzig Minuten später kommen ihre Eltern zurück nach Hause.

„Was kommt da für ein köstlicher Geruch aus der Küche?", fragt Christian.

Nancy will ihm gerade antworten, aber plötzlich hören sie eine Explosion in der Küche! Überrascht öffnet Christian die Tür zur Küche und sieht, dass die ganze

del forno è sporco d'impasto e puzza terribilmente. Christian e Linda guardano stupiti la loro figlia.

"Be' ecco, volevo preparare una torta con una deliziosa crema per papà...", dice Nancy a bassa voce.

"Cosa ci hai messo dentro?" chiede suo fratello. "Non ti proccupare sorellina! Se la tua torta è così pericolosa forse è meglio che non abbia finito di cuocere".

Küche voller Rauch ist. Die Tür des Backrohrs ist mit Teig bespritzt und es stinkt fürchterlich. Christian und Linda sehen ihre Tochter überrascht an.

„Nun ja, ich wollte eine Torte mit einer leckeren Creme für Papa backen...“, sagt Nancy leise.

„Was hast du hineingetan?“, fragt ihr Bruder. „Mach dir keine Sorgen, Schwesterherz! Wenn deine Torte so gefährlich ist, ist es vielleicht besser, dass sie nicht fertig gebacken wurde.“

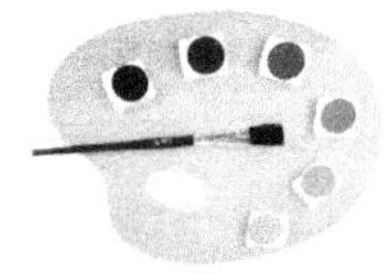

20

Die Audiodatei

Una cena esotica
Exotisches Abendessen

A

Vocaboli
Vokabeln

1. alternativa, l' - Alternative, die
2. andare a vedere - vorbeischauen
3. asiatica - asiatisch
4. aspettati - erwartet
5. barbaro, il - Barbar, der
6. bruco, il - Raupe, die
7. cameriere, il - Kellner, der
8. centimetri, i - Zentimeter, die
9. cento - hundert
10. conto, il - Rechnung, die
11. coperchio, il - Deckel, der
12. costa - kostet
13. costoso, caro - teuer
14. cucina, la - Küche, die
15. cuoco, il; chef, lo - Koch, der
16. dollaro, il - Dollar, der
17. escrementi, gli - Exkremente, die
18. esotico - exotisch

19. forchetta, la - Gabel, die
20. forte - stark
21. gigantesco - riesig
22. grasso - fett
23. imbarazzo, l' - Verlegenheit, die
24. incivile - unzivilisiert
25. incredibile - unglaublich
26. infilza - spießt
27. infine - schließlich
28. lingua, la - Sprache, die
29. lunghezza, la - Länge, die
30. mangiando - essend
31. menù, il - Speisekarte, die
32. migliore - besten
33. nel frattemmpo - inzwischen
34. niente - nichts
35. non comuni - ungewöhnliche
36. non fece - machte nicht
37. nord, il - Norden, der
38. paese, il - Land, das
39. pallido - bleich
40. pessimo, cattivo - schlecht, arm
41. piatto, il - Teller, der
42. prelibatezza, la - Delikatesse, die
43. provare - probieren
44. quale - welche
45. quindici - fünfzehn
46. raggiunge - heranwächst
47. raro - selten
48. recentemente - vor kurzem
49. resuscitare, rianimare - wiederbeleben
50. ristorante, il - Restaurant, das
51. scambiare - austauschen
52. sceglie - wählt
53. sciamano, lo - Schamane, der
54. sfogliano - blättern
55. sforzo, lo - Anstrengung, die
56. sguardi, gli - Blicke, die
57. somma, la - Betrag, der
58. spendere - ausgeben
59. strisciare - kriechen
60. sviene - wird ohnmächtig
61. taglia, la; grandezza, la - Größe, die
62. tagliate - geschnittenes
63. tentare - versuchen
64. tradizioni, le - Traditionen, die
65. traduzione, la - Übersetzung, die
66. urlare - schreien
67. usi, gli; costumi, i - Bräuche, die
68. vicino - in der Nähe
69. villaggio, il - Dorf, das
70. vivo - lebendig

 **B**

Una cena esotica

Robert ed Elena sono in vacanza in un Paese asiatico. A loro piace viaggiare. Robert si interessa di tradizioni e usi non comuni. E naturalmente apprendono anche qualcosa sulla cucina dei diversi Paesi. Questa volta allora decidono di andare a vedere il ristorante migliore e più noto del posto. È un ristorante piuttosto caro, ma vogliono provare i piatti più deliziosi e interessanti e non hanno nulla in contrario a spendere dei soldi. Sfogliano a lungo il menù. Non c'è la traduzione in inglese. E loro non conoscono affatto la lingua del posto, così non capiscono proprio nulla. Robert sceglie una delle portate più costose - costa duecentoventi dollari.

È lo chef stesso a portare

Exotisches Abendessen

Robert und Elena machen in einem asiatischen Land Urlaub. Sie verreisen sehr gerne. Robert interessiert sich für ungewöhnliche Traditionen und Bräuche. Und sie lernen natürlich auch gerne etwas über die Küchen der verschiedenen Länder. Also entscheiden sie sich diesmal dafür, im besten und berühmtesten örtlichen Restaurant vorbeizuschauen. Es ist ein ziemlich teures Restaurant, aber sie wollen die köstlichsten und interessantesten Gerichte probieren und haben nichts dagegen dafür Geld auszugeben. Sie blättern lange durch die Speisekarte. Es gibt keine englische Übersetzung der Speisekarte. Und sie können die örtliche Sprache überhaupt nicht, daher verstehen sie gar nichts. Robert wählt eines der teuersten Gerichte - es kostet

loro la preziosa portata. Lui toglie il coperchio e nel piatto vedono molte foglie e verdure tagliate. Al centro c'è un bruco enorme e grasso di circa quindici centimetri. Il bruco non è solo enorme ma anche vivo! Elena e Robert lo fissano imbarazzati. Nel frattempo il bruco inzia a strisciare lentamente e a mangiare le foglie sul piatto tutt'intorno a lui. Di certo Elena e Robert non si sarebbero mai aspettati una cosa del genere! Anche lo chef e il cameriere osservano il bruco e non vanno via. Segue un momento gravoso. Robert prende la forchetta e infilza il bruco. Alla fine decide di mangiarlo! Lo chef lo vede e sviene. E il cameriere inizia a urlare forte in una lingua che non capiscono. Robert non capisce proprio niente. In quel momento si avvicina un altro cliente dal tavolo vicino al loro.

zweihundertzwanzig Dollar.

Der Koch selbst bringt ihnen dieses teure Gericht. Er nimmt den Deckel ab und sie sehen viel geschnittenes Gemüse und Blätter auf dem Teller. Eine riesige fette Raupe, etwa fünfzehn Zentimeter lang, ist in der Mitte. Die Raupe ist nicht nur riesig, sondern auch lebendig! Elena und Robert sehen sie verlegen an. Inzwischen beginnt die Raupe langsam zu kriechen und die Blätter um sie herum auf dem Teller zu essen. Elena und Robert haben so etwas natürlich überhaupt nicht erwartet! Der Koch und der Kellner schauen auch auf die Raupe und gehen nicht weg. Ein anstrengender Moment folgt. Dann nimmt Robert eine Gabel und spießt die Raupe auf. Er beschließt schließlich sie zu essen. Der Koch sieht es und wird ohnmächtig! Und der Kellner beginnt laut in einer Sprache zu schreien, die sie nicht verstehen. Robert versteht gar nichts. In diesem Moment kommt

Con un pessimo inglese spiega a Robert che non si deve mangiare il bruco. Questo è incredibilmente costoso e ci vogliono più di cinque anni affinché raggiunga quella dimensione. Gli escrementi di questo bruco che si trovano sul piatto quando inizia a mangiare le foglie vengono considerati una costosa prelibatezza. Gli escrementi di questo bruco costano duecentoventi dollari. Elena e Robert si scambiano degli sguardi senza parlare.

"Ma è terribilmente incivile!" dice Robert.

"Oh, non lo è. Loro pensano ora che sia tu il barbaro!" dice un altro cliente sorridendo. "Perché tu non capisci questa costosa cucina! Inoltre hai ucciso questo raro bruco come un vero barbaro!"

A quel punto arriva il camerire pallido e porta il

ein anderer Gast von einem Tisch in der Nähe von ihnen auf sie zu. Er erklärt Robert in schlechtem Englisch, dass diese Raupe nicht gegessen wird. Sie ist unglaublich teuer und es dauert mehr als fünf Jahre, damit sie auf diese Größe heranwächst. Die Exkremente dieser Raupe, die man auf dem Teller findet, wenn sie die Blätter isst, gelten als teure Delikatesse. Diese Exkremente der Raupe kosten zweihundertzwanzig Dollar. Elena und Robert tauschen schweigsam Blicke aus.

„Das ist fürchterlich unzivilisiert!", sagt Robert.

„Oh, das ist es nicht. Sie denken nun, dass du der Barbar bist!", sagt ein anderer Gast und lächelt. „Weil du diese teure Küche nicht verstehst! Außerdem hast du diese seltene Raupe getötet, wie ein wirklicher Barbar!"

An dieser Stelle kommt der bleiche Kellner und bringt die

conto per il bruco ucciso.
Robert legge la somma e anche
lui diventa pallido.

"Sa", dice Robert,
"recentemente siamo stati in un
piccolo villaggio nel nord del
Suo Paese. Lì c'è un eccellente
sciamano, molto bravo. Forse
sarebbe d'accordo a tentare di
riportarlo in vita?... Penso che
possa essere una buona
alternativa".

Rechnung für die getötete Raupe.
Robert schaut den Betrag der
Rechnung an und wird auch bleich.

„Wissen Sie", sagt Robert, „vor
kurzem waren wir in einer sehr
kleinen Stadt im Norden ihres
Landes. Dort gibt es einen
hervorragenden, sehr starken
Schamanen. Vielleicht ist er
einverstanden zu versuchen, sie
wieder zum Leben zu bringen?... Ich
glaube, das wäre eine gute
Alternative..."

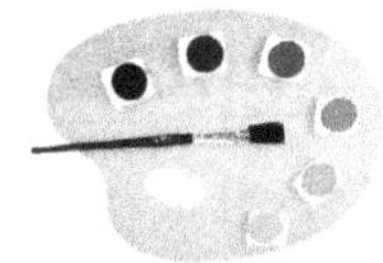

21

Die Audiodatei

Belle Arti
Hochkunst

A

Vocaboli

Vokabeln

1. alta - hoch

2. anima, l' - Seele, die

3. apparenza, l' - Erscheinung, die

4. arte, l' - Kunst, die

5. artista, l' - Künstler, der

6. bellezza, la - Schönheit, die

7. caducità, la - Vergänglichkeit, die

8. capi d'abbigliamento, i - Kleindungsstücke, die

9. caramella, la - Bonbon, das

10. comune, ordinaria - gewöhnlich

11. confusione, la - Verwirrung, die

12. contrasto, il - Kontrast, der

13. convincente - überzeugend

14. definitivamente - definitiv

15. dimenticato - vergessen

16. dobbiamo - müssen

17. esteriore - äußere

18. eternità, la - Ewigkeit, die

19. evidente - offensichtlich

20. figure, le - Figuren, die

21. gettare via - wegwerfen

22. imbottitura, l' - Fütterung, die

23. impressionare - beeindrucken

24. incomprensibili - unverständlich

25. intelligenza, l' - Verstand, der

26. interiorità, l' - Innere, das

27. interno, interiore - innere

28. meditabondo - nachdenklich

29. metallo, il - Metall, das

30. milioni, i - Millionen, die

31. mocio, il - Mopp, der

32. montagna, la - Berg, der

33. museo, il - Museum, das

34. o... o - entweder ... oder

35. paesaggio, il - Landschaft, die

36. più saggio in assoluto - weiseste

37. plastica, la - Plastik, das

38. profondo - tief

39. quadro, il - Bild, das

40. raffigurate - gezeigt

41. sapere, il - Wissen, das

42. scarpe, le - Schuhe, die

43. scultura, la - Skulptur, die

44. secchio, il - Eimer, der

45. serio - ernst

46. si inventa - erfindet

47. significato, il - Bedeutung, die

48. simbolo, il - Symbol, das

49. simile - ähnlich

50. sospira - seufzt

51. spazzatura, la; immondizia, l' - Müll, der

52. specchio, lo - Spiegel, der

53. sporca - schmutzig

54. suona - klingt

55. uniforme, l' - Uniform, die

56. viso, il; faccia, la - Gesicht, das

B

| **Belle Arti** | **Hochkunst** |

Un giorno Robert invita Elena ad andare in un museo d'arte moderna. Lì verrà inaugurata una nuova esposizione. A Elena piace molto l'arte. Accetta di vistare il museo, ma dice che lei non capisce assolutamente l'arte moderna. La trova troppo strana. All'esposizione vede molte cose interessanti. Elena si ferma davanti a un quadro che è stato realizzato con forchette di plastica. Osserva il quadro attentamente. Sembra un paesaggio di montagna.

"No, non fa per me", dice Elena, "gli artisti moderni sono davvero incomprensibili. In particolare quando realizzano i loro quadri con cose così strane. Guarda questo quadro! È bello?" domanda Elena. A lei quel quadro non piace. Anche Robert non

Eines Tages lädt Robert Elena in das Museum für moderne Kunst ein. Eine neue Ausstellung wird dort eröffnet. Elena hat Kunst sehr gerne. Sie ist einverstanden das Museum zu besuchen, aber sie sagt, dass sie moderne Kunst überhaupt nicht verstehe. Sie hält sie für zu seltsam. In der Ausstellung sehen sie viele interessante Dinge. Elena bleibt bei einem Bild stehen, das aus Plastikgabeln gemacht wurde. Sie starrt das Bild aufmerksam an. Es sieht aus wie eine Berglandschaft.

„Nein, das ist nicht mein Fall", sagt Elena, „moderne Künstler sind zu unverständlich. Besonders wenn sie ihre Bilder aus so seltsamen Dingen machen. Sieh dir dieses Bild an. Ist das schön?", fragt Elena. Sie mag das Bild nicht. Robert versteht diese Kunst auch

capisce quest'arte. Ma a lui piace Elena. E vuole proprio impressionarla e stupirla con il suo sapere. Robert fa la faccia seria.

"Vedi", dice Robert, "l'aspetto esteriore di questo quadro non è bello. Ma tu devi vedere la bellezza interiore".

"Cosa?" chiede Elena sorpresa.

"La bellezza interiore", ripete Robert. "In questo quadro vengono raffigurate alcune montagne. In ultima analisi sono montagne di milioni d'anni. Sono un simbolo dell'eternità", spiega Robert, "ma una forchetta di plastica viene gettata via velocemente. Simboleggia la caducità. In questo contrasto c'è un significato molto profondo".

Mentre Robert parla si inventa tutto ciò. Gli sembra che suoni convincente. Elena guarda Robert imbarazzata. Poi osserva il

nicht. Aber er mag Elena. Und er möchte sie mit seinem Wissen wirklich beeindrucken und überraschen. Robert macht ein ernstes Gesicht.

„Weißt du", sagt Robert, „die äußere Erscheinung dieses Bildes ist nicht sehr schön. Aber du musst die innere Schönheit sehen."

„Was?", fragt Elena überrascht.

„Die innere Schönheit", wiederholt Robert. „In diesem Bild werden einige Berge gezeigt. Letzten Endes stehen Berge für Millionen von Jahren. Sie sind ein Symbol für die Ewigkeit", erklärt Robert, „aber eine Plastikgabel wird schnell weggeworfen. Sie symbolisiert Vergänglichkeit. In diesem Kontrast liegt eine sehr tiefe Bedeutung."

Robert erfindet das alles, während er spricht. Es scheint ihm, dass es überzeugend klingt. Elena schaut Robert verlegen an. Dann schaut sie auf das Bild und

quadro e sospira.

"Andiamo avanti", propone Elena.

Proseguendo vedono molte altre cose strane. In una sala vedono una gigantesca caramella di metallo alta quanto il soffitto e una scultura realizzata con vecchie scarpe. In un'altra sala ci sono figure umane realizzate con capi di abbigliamento e con una imbottitura d'ovatta rossa all'interno. E Robert racconta a Elena qualcosa di arguto su ognuna di queste cose. "A volte queste opere d'arte sono molto simili a comune spazzatura", dice Elena.

Entrano nella stanza successiva e lì vedono uno specchio davanti al quale si trova un secchio pieno d'acqua sporca.

"Questo è davvero troppo!" dice Elena. "Questo non ha assolutamente alcun senso!"

seufzt.

„Lass uns weitergehen", bietet Elena an.

Sie gehen weiter und sehen viele andere seltsame Dinge. In einem Raum sehen sie ein riesiges Bonbon aus Metall, das so hoch ist wie die Decke, und eine Skulptur, die aus alten Schuhen gemacht wurde. In einem anderen Raum sind Menschenfiguren aus Kleidungsstücken, mit einer roten Wattierung im Inneren. Und Robert erzählt Elena etwas Schlaues über jedes dieser Dinge. „Manchmal sind diese Kunstwerke gewöhnlichem Müll sehr ähnlich", sagt Elena.

Sie gehen in den nächsten Raum und sehen dort einen Spiegel, vor dem ein Eimer voll mit schmutzigem Wasser steht.

„Also das ist wirklich zu viel!", sagt Elena. „Das hat definitiv keine Bedeutung!"

„Oh, nein, nein", sagt Robert nachdenklich. „Das hat eine sehr tiefe Bedeutung. Es ist

"Oh, no, no", dice Robert meditabondo. "È evidente che questo artista è un uomo molto intelligente".

"Dici?" chiede Elena sorpresa.

"Certo", risponde Robert, "sai, in uno specchio puoi vedere il tuo viso. E puoi anche guardare in quest'acqua sporca e vederlo. L'artista vuole esprimere che ogni anima ha un lato oscuro e che noi dobbiamo guardarlo. È davvero un pensiero molto profondo. Credo sia l'opera d'arte migliore e la più saggia dell'intera esposizione", dice Robert.

"Sei così intelligente!" dice Elena prendendolo per mano. Lei ammira Robert.

In quel momento entra nella sala una donna che indossa l'uniforme di una ditta di pulizie con un mocio in mano. Si avvicina al secchio e si volta verso Robert ed Elena.

offensichtlich, dass dieser Künstler ein sehr intelligenter Mann ist."

„Ist er das?", fragt Elena überrascht.

„Natürlich", antwortet Robert, „weißt du, in einem Spiegel kannst du dein Gesicht sehen. Und du kannst auch in dieses schmutzige Wasser blicken und dein Gesicht sehen. Der Künstler möchte ausdrücken, dass jede Seele eine dunkle Seite hat. Und dass wir sie uns auch ansehen müssen. Das ist ein sehr wichtiger Gedanke. Ich glaube, dass ist das beste und weiseste Kunstwerk der ganzen Ausstellung", sagt Robert.

„Du bist so intelligent!", sagt Elena und nimmt ihn an der Hand. Sie bewundert Robert.

In diesem Moment betritt eine Frau in der Uniform einer Reinigungsfirma und mit einem Mopp in der Hand den Raum. Sie nähert sich dem Eimer und wendet sich an Elena und Robert.

„Oh, es tut mir leid. Ich habe

"Oh, chiedo scusa. Ho dimenticato di prenderlo", gli dice la donna. Prende il secchio e lo porta fuori la stanza.

"Cosa hai detto?" dice Elena ridendo. "L'opera d'arte migliore dell'esposizione?..."

Robert tace ed è confuso. Ma Elena è sempre più impressionata dalla sua intelligenza.

vergessen, ihn mitzunehmen", sagt die Frau zu ihnen. Sie nimmt den Eimer und trägt ihn aus dem Raum.

„Was hast du gesagt?", sagt Elena und lacht. „Das beste Kunstwerk der Ausstellung?..."

Robert schweigt und ist verwirrt. Aber Elena ist immer noch sehr beeindruckt von seinem Verstand.

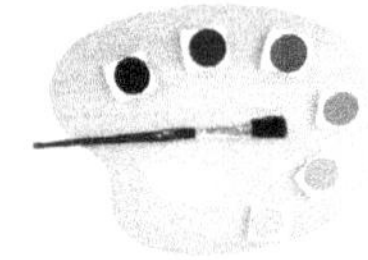

22

Die Audiodatei

Pulizie di primavera
Frühjahrsputz

A

Vocaboli
Vokabeln

1. accidentalmente - versehentlich
2. bonus, i - Bonuszahlungen, die
3. camion, i - Lastwägen, die
4. chiamato - gerufen
5. corretto - richtig
6. direttore, il - Leiter, der
7. documenti, i; carte, le - Papiere, die; Unterlagen, die
8. donazioni, le - Spenden, die
9. elettronica, l' - Elektronik, die
10. errore, l' - Fehler, der
11. licenziamento, il - Entlassung, die
12. licenziare - entlassen, feuern
13. licenziato - gefeuert
14. mai - jemals
15. modulo, il - Formular, das
16. novità, le - Neuigkeiten, die

17. parlare - sprechen, reden
18. periodo di prova, il - Probezeit, die
19. periodo, il - Zeitraum, der
20. pila, la - Stapel, der
21. polvere, la - Staub, der
22. preciso - genau
23. pulire - abwischen
24. pulito - sauber
25. pulizia, la - Sauberkeit, die
26. sfortunatamente - unglücklicherweise
27. ufficio, l' - Büro, das
28. vice, facente funzioni di - stellvertretender

B

Pulizie di primavera

Robert studia e lavora in una piccola azienda. L'azienda vende prodotti di elettronica. Robert non lavora lì da molto tempo. Il direttore elogia il suo lavoro. Robert è contento che al lavoro vada tutto bene. Ma improvvisamente il vicedirettore lo fa chiamare. Robert è molto preoccupato. Non sa perché viene fatto chiamare. Il vicedirettore gli dà il suo stipendio e i suoi documenti. Robert non capisce assolutamente nulla.

"Mi spiace doverle

Frühjahrsputz

Robert studiert und arbeitet in einer kleinen Firma. Die Firma verkauft Elektronik. Robert arbeitet noch nicht lange dort. Der Leiter lobt seine Arbeit. Robert freut sich, dass in der Arbeit alles gut läuft. Aber plötzlich lässt der stellvertretenden Leiter Robert rufen. Robert macht sich große Sorgen. Er weiß nicht, warum er gerufen wurde. Der stellvertretende Leiter gibt ihm sein Gehalt und seine Unterlagen. Robert versteht gar nichts.

„Es tut mir sehr leid, Ihnen das mitteilen zu müssen, aber Sie sind

comunicare che lei è licenziato",
dice il vicedirettore.

"Ma perché?" chiede Robert.

"Sfortunatamente non ha
superato il periodo di prova",
dice il vicedirettore.

"Ma il direttore elogia il mio
lavoro!" obietta Robert.

"Sono davvero spiacente",
ripete il vicedirettore.

Robert prende i suoi
documenti e le sue cose e lascia
l'ufficio. È molto triste. Sulla
strada di casa pensa per tutto il
tempo al licenziamento. Gli
sembra molto strano. Ma
Robert non riesce ad arrivare a
casa. Il direttore in persona
improvvisamente lo chiama. Gli
chiede di tornare per favore in
ufficio e gli dice che desidera
parlargli. Robert è sorpreso. Ma
accetta di tornare in ufficio.
Spera che lo aspettino delle
buone novità. Entra nell'ufficio

gefeuert", sagt der stellvertretende
Leiter.

„Aber warum?", fragt Robert.

„Unglücklicherweise haben Sie
die Probezeit nicht bestanden", sagt
der stellvertretende Leiter.

„Aber der Leiter lobt meine
Arbeit!", wendet Robert ein.

„Es tut mir sehr leid", wiederholt
der stellvertretende Leiter.

Robert nimmt seine Unterlagen
und Dinge und verlässt das Büro. Er
ist sehr traurig. Auf dem Heimweg
denkt er die ganze Zeit über die
Entlassung nach. Es erscheint ihm
sehr seltsam. Aber Robert schafft es
nicht bis nach Hause. Der Leiter
selbst ruft ihn plötzlich an. Er bittet
Robert zurück ins Büro zu kommen
und sagt ihm, dass er mit ihm
sprechen möchte. Robert ist
überrascht. Aber er ist
einverstanden ins Büro
zurückzufahren. Er hofft, dass ihn
gute Neuigkeiten erwarten. Er

del direttore e vede che parla con l'addetto delle pulizie.

"Pe favore", dice all'addetto alle pulizie, "non sposti mai più i documenti sulla mia scrivania! Non tolga neppure la polvere da qua! Mai!"

"Ma era sporco", replica l'addetto delle pulizie, "volevo solo renderlo più pulito".

Il direttore sospira e scuote la testa.

"Robert", dice il direttore, "il tuo modulo era sulla mia scrivania. E l'addetto alle pulizie lo ha spostato accidentalmente da una pila a un'altra. Cioè, il tuo modulo è stato spostato dalla pila dei 'bonus' alla pila dei 'licenziamenti'", spiega il direttore, "sono dispiaciuto per quanto è successo. Spero non accada mai più".

Robert è felice di sentire ciò. Non riesce a contenere la sua

betritt das Büro des Leiters und sieht, dass der Leiter mit der Reinigungskraft spricht.

„Bitte", sagt er zu der Reinigungskraft, „bewegen sie nie wieder die Papiere auf meinem Tisch! Wischen Sie nicht einmal den Staub von ihnen ab! Nie!"

„Aber es war schmutzig", antwortet die Reinigungskraft, „ich wollte es doch nur besser machen."

Der Leiter seufzt und schüttelt den Kopf.

„Robert", sagt der Leiter, „dein Formular war auf meinem Tisch. Und unsere Reinigungskraft hat es versehentlich von einem Stapel auf den anderen gelegt. Das heißt, dein Formular wurde vom Stapel ‚Bonuszahlungen' auf den Stapel ‚Entlassungen' gelegt", erklärt der Leiter, „es tut mir sehr leid, dass das passiert ist. Ich hoffe, es kommt nie wieder vor."

Robert freut sich sehr, das zu

felicità.

"Quindi non mi licenzierà?" chiede Robert. Il direttore gli sorride.

"No, non preoccuparti. Non ti licenzieremo", dice il direttore. "Siamo felici di avere con noi un lavoratore così preciso e attento".

"Grazie", dice Robert, "queste sono davvero delle belle notizie".

"L'errore del tuo licenziamente si può correggere facilmente", dice il direttore, "ma i documenti dei camion con l'elettronica sono stati spostati dalla pila 'vendere' a quella 'donazioni'. La pulizia è un affare costoso", dice il direttore guardando triste la sua scrivania pulita.

hören. Er kann sein Glück nicht fassen.

„Also werden Sie mich nicht entlassen?", fragt Robert. Der Leiter lächelt Robert an.

„Nein, wir werden dich nicht entlassen. Mach dir keine Sorgen", sagt der Leiter. „Wir freuen uns, dass wir so einen genauen und sorgfältigen Arbeiter haben."

„Danke", sagt Robert, „das sind wirklich gute Neuigkeiten."

„Der Fehler mit deiner Entlassung ist sehr einfach zu berichtigen", sagt der Leiter, „aber die Unterlagen von den Lastwägen mit Elektronik wurden vom Stapel ‚Verkaufen' auf den Stapel ‚Spenden' gelegt. Sauberkeit ist eine teure Sache", sagt der Leiter und blickt traurig auf seinen sauberen Tisch.

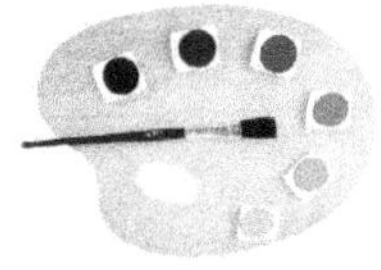

23

Die Audiodatei

Taxi beige

Beiges Taxi

 **A**

Vocaboli

Vokabeln

1. bagaglio, il - Gepäck, das
2. beige - beige
3. bianco - weiß
4. calmo - ruhig
5. carica - lädt
6. centralino, il - Vermittlung, die
7. chiede - fragt nach
8. confermato - bestätigt
9. corrisponde - übereinstimmt
10. cortese - freundlich
11. da qualche parte - irgendwo
12. detto - gesagt
13. esamina - überprüft
14. espressione, l' - Ausdruck, der
15. fatto, il - Tatsache, die
16. forse - vielleicht
17. indirizzo, l' - Adresse, die
18. meraviglia - wundert
19. nervoso - nervös
20. obbligatorio - verpflichtend
21. Opel, l' - Opel, der

22. ore tre - drei Uhr
23. pazientemente - geduldig
24. pesante - schwer
25. portare - tragen
26. prenotazione, la - Reservierung, die
27. qualcuno - irgendjemand
28. rabbia, la - Wut, die
29. ricetrasmittente, la - Funk, der
30. ripete - wiederholt

31. senza fine - endlos
32. servizio taxi, il - Taxiunternehmen, das
33. sì - ja
34. si rifiuta - weigert
35. spiacevole, sgradevole - unerfreulich
36. superare - bewältigen
37. targa, la - Kennzeichen, das
38. treno, il - Zug, der
39. tutto, intero - ganz

 **B**

Taxi beige

Un giorno Robert decide di andare a trovare i suoi amici. Loro vivono in un'altra città, così Robert prende il treno per arrivare lì. Il suo treno arriva alle tre di mattina. Robert è lì per la prima volta e non ha il numero del servizio taxi di questa città. Così telefona ai suoi amici e chiede loro di chiamargli un taxi per la stazione. I suoi amici fanno quello che lui gli ha chiesto. Gli dicono che entro dieci minuti un'Opel bianca lo andrà a prendere. Robert aspetta e

Beiges Taxi

Eines Tages beschließt Robert seine Freunde zu besuchen. Sie leben in einer anderen Stadt und Robert nimmt den Zug um dorthin zu fahren. Sein Zug kommt dort um drei Uhr morgens an. Robert ist zum ersten Mal dort. Er hat keine Telefonnummer von den Taxiunternehmen dieser Stadt. Also ruft er seine Freunde an und bittet sie, für ihn ein Taxi zum Bahnhof zu rufen. Seine Freunde machen, um was er sie gebeten hat. Sie sagen, dass ihn in zehn Minuten ein weißer Opel abholen wird. Robert wartet und nach zehn Minuten

dopo dieci minuti arriva davvero un'Opel bianca. Il tassista mette il bagaglio di Robert nell'auto e gli domanda dove desidera andare. Robert gli dice che non conosce l'indirizzo. I suoi amici che hanno chiamato il taxi avrebbero dovuto dare l'indirizzo al tassista.

"La mia ricetrasmittente qui non funziona bene. Quindi non posso chiedere l'indirizzo", dice il tassista, "per favore, chiedi l'indirizzo ai tuoi amici. E devi anche domandare loro il numero di telefono del servizio taxi a cui hanno telefonato", chiede il tassista.

"Perché?" chiede Robert.

"Sai, io lavoro solo su prenotazione", risponde il tassista, "forse i tuoi amici hanno chiamato un altro servizio taxi. Questo vorrebbe dire che un altro cliente mi sta aspettando e che io non posso prendere te al posto suo".

kommt wirklich ein weißer Opel. Der Taxifahrer stellt Roberts Gepäck in das Auto und fragt ihn, wohin er fahren möchte. Robert erklärt, dass er die Adresse nicht weiß. Seine Freunde, die das Taxi gerufen haben, hätten dem Taxifahrer die Adresse geben sollen.

„Mein Funk funktioniert hier nur schlecht. Ich kann also nicht nach der Adresse fragen", sagt der Taxifahrer, „bitte frag deine Freunde nach der Adresse. Und du musst sie auch nach der Telefonnummer des Taxiunternehmens fragen, bei dem sie angerufen haben", fordert der Taxifahrer.

„Warum?", fragt Robert nach.

„Weißt du, ich arbeite nur mit Reservierungen", antwortet der Taxifahrer, „deine Freunde haben vielleicht ein anderes Taxiunternehmen angerufen. Das würde bedeuten, dass ein anderer Kunde auf mich wartet und dass ich nicht dich statt ihm mitnehmen

Robert chiama nuovamente i suo amici e con la sua telefonata li sveglia di nuovo. Pazientemente gli indicano l'indirizzo e il numero di telefono del servizio taxi. Robert ripete tutto al tassista

"Oh! Questo è il numero di un altro servizio taxi. Non è il numero della mia agenzia. Allora mi ha chiamato qualcun altro", dice il tassista togliendo il bagagli di Robert dalla macchina. Robert è confuso.

"Forse il tuo servizio taxi ha diversi numeri telefonici", suppone Robert, "a me è stato detto che entro dieci minuti sarebbe venuta a prendermi un'Opel bianca. E proprio dopo dieci minuti è arrivato lei. Inoltre ha un'Opel bianca e non ci sono altri taxi qui".

"No", dice il tassista, "adesso è chiaro che ti verrà a prendere un altro taxi. Il fatto è che la mia Opel non è bianca ma beige, mentre tu qui devi aspettarne

kann."

Robert ruft seine Freunde erneut an und weckt sie mit seinem Anruf erneut auf. Sie nennen ihm geduldig die Adresse und die Telefonnummer des Taxiunternehmens. Robert wiederholt alles für den Taxifahrer.

„Oh! Das ist die Telefonnummer eines anderen Taxiunternehmens. Das ist nicht die Telefonnummer meines Taxiunternehmens. Dann hat mich jemand anderer gerufen", sagt der Taxifahrer und nimmt Roberts Gepäck aus dem Auto. Robert ist verwirrt.

„Ihr Taxiunternehmen hat vielleicht verschiedene Nummern", vermutet Robert, „mir wurde gesagt, dass mich ein weißer Opel in zehn Minuten abholen würde. Und Sie sind genau zehn Minuten später gekommen. Außerdem haben Sie einen weißen Opel und es gibt keine anderen Taxis hier."

„Nein", sagt der Taxifahrer, „es ist jetzt klar, dass dich ein anderes Taxi abholen wird. Tatsache ist,

una bianca".

Robert si guarda meglio la macchina. Forse è beige. Ma alle tre di notte, al buio, non è così facile distinguere qualcosa. Il tassista guida fino al lato della strada, parcheggia e aspetta il suo cliente. E Robert si trova di nuovo solo nei pressi dell'edificio della stazione. Ha freddo ed è davvero stanco. Passano altri dieci minuti, ma l'Opel bianca non arriva. I suoi amici si preoccupano e lo chiamano. Si meravigliano che lui non sia ancora arrivato a casa da loro. Robert gli spiega cosa è successo.

Qualche minuto dopo lo richiamano e gli dicono che la macchina è già sul luogo ad attendere. Glielo ha appena confermato il servizio taxi. Robert gira per tutta l'area della stazione ma non riesce a trovare il suo taxi. Il tempo passa e sono già le tre e mezza. Gli amici di Robert vorrebbero

dass mein Opel nicht weiß ist, sondern beige. Und dass du hier auf einen weißen warten musst."

Robert sieht sich das Auto an. Es ist vielleicht beige. Aber um drei Uhr nachts, im Dunkeln, ist es nicht einfach etwas zu erkennen. Der Taxifahrer fährt an die Seite, bleibt stehen und wartet auf seinen Kunden. Und Robert steht wieder alleine in der Nähe des Bahnhofgebäudes. Ihm ist kalt und er ist wirklich müde. Zehn weitere Minuten vergehen, aber der weiße Opel kommt nicht. Seine Freunde machen sich Sorgen und rufen Robert an. Sie wundern sich, warum er noch nicht bei ihnen zu Hause ist. Er erklärt ihnen, was passiert ist.

Einige Minuten später rufen sie wieder an und sagen ihm, dass das Auto bereits am Ort wartet. Das Taxiunternehmen hat es gerade bestätigt. Robert geht über das ganze Bahnhofsgelände, aber er kann sein Taxi nicht finden. Die Zeit vergeht und es ist schon halb vier.

andare a dormire e si stanno innervosendo. Non capiscono perché non riesce a trovare il suo taxi. Richiamano Robert ancora una volta e gli dicono la targa dell'auto. A Robert sembra di vivere un incubo senza fine. Trascinando il suo bagaglio pesante gira per tutta la stazione ed esamina le targhe delle macchine. Ma non c'è da nessuna parte una macchina con quella targa. Quando improvvisamente, dopo aver camminato a lungo, scopre che la targa della macchina corrisponde con quella del tassista dell'Opel beige.

Robert è arrabbiatissimo. Torna dal tassista e gli spiega tutto. Fa del suo meglio per parlare in modo calmo e cortese.

"Eh, cose da non credere!" dice il tassista e carica di nuovo il bagaglio di Robert in macchina. Robert fa del suo meglio per reprimere la rabbia.

Roberts Freunde möchten schlafen gehen. Sie werden nervös. Sie verstehen nicht, warum Robert sein Taxi nicht finden kann. Sie rufen Robert noch einmal an und sagen ihm das Kennzeichen des Autos. Robert kommt es so vor, als würde er einen endlosen und unerfreulichen Traum haben. Er geht auf dem gesamten Bahnhof umher, zieht sein schweres Gepäck nach und überprüft die Kennzeichen der Autos. Aber es gibt dort nirgendwo ein Auto mit diesem Kennzeichen. Als er lange umhergelaufen ist, findet er plötzlich heraus, dass das Kennzeichen mit dem Autokennzeichen des Taxifahrers des beigen Opels übereinstimmt.

Robert ist sehr wütend. Er geht zurück zum Taxifahrer und erklärt ihm alles. Er gibt sein Bestes um ruhig und freundlich zu sprechen.

„Hum, Sachen gibt's", sagt der Taxifahrer und lädt Roberts Gepäck wieder in das Auto. Robert gibt sein Bestes um die Wut zu

In fondo è andato in giro per la stazione per un'ora con la sua valigia pesante e non ha fatto dormire i suoi amici! E tutto questo perché questa persona si rifiuta di vedere che la sua macchina è bianca! E a tutto ciò lui risponde "Uhm!"

"E per quel che riguarda il fatto che la sua macchina non sia bianca ma beige?" domanda Robert.

"Sì, mi dispiace che il centralino lo confonda", risponde il tassista con un'espressione placida sul volto. "Bene, ha l'indirizzo?"

Ovviamente Robert non riesce più a ricordarsi l'indirizzo. Comprende che deve chiamare nuovamente i suoi amici. E suppone che non saranno più felici del suo arrivo.

unterdrücken. Er ist schließlich eine Stunde lang mit seinem schweren Koffer am Bahnhof herumgelaufen und hat seine Freunde nicht schlafen lassen! Und das alles, weil sich diese Person weigert ihr Auto als weiß zu betrachten! Und auf all das antwortet er „Hum"!

„Und wie war das mit der Tatsache, dass ihr Auto nicht weiß sondern beige ist?", fragt Robert.

„Ja, es tut mir auch weh, dass die Vermittlung das verwechselt", antwortet der Taxifahrer mit einem ruhigen Ausdruck im Gesicht. „Nun gut, haben Sie die Adresse bestätigt?"

Natürlich kann sich Robert nicht mehr an die Adresse erinnern. Er begreift, dass er seine Freunde noch einmal anrufen muss. Und er nimmt an, dass sie sich über seine Ankunft nicht mehr freuen.

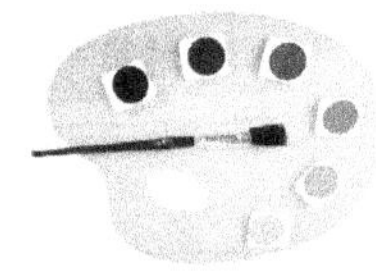

24

L'albero di Natale

Weihnachtsbaum

 **A**

Vocaboli

Vokabeln

1. acquisti, gli - Einkäufe, die
2. caricare - einladen
3. ciao - tschüß
4. conclude - sagt abschließend
5. conversazione, la - Gespräch, das
6. decorazioni, le - Dekorationen, die
7. entra, sta - passt
8. fatica, la - Mühe, die
9. festa, la - Feier, die
10. festosa - festlich
11. forbici, le - Schere, die
12. fuochi d'artificio, i; botti, i - Feuerwerke, die
13. legare - binden
14. loro stessi - sie selbst
15. maschere, le - Masken, die

16. negozio, il - Laden, der
17. okay, d'accordo - in Ordnung
18. piede, il - Fuß, der
19. più tardi - später
20. posto di lavoro, il - Arbeitsplatz, der
21. punta, la; cima, la - Spitze, die
22. ragazzi, i - Jungs, die
23. saldamente - fest
24. scherzo, lo - Streich, der
25. servizio di consegna, il - Zustelldienst, der
26. spazzatura, la - Müll, der
27. tempo libero, il - Freizeit, die
28. tutti - alle, jeder
29. uscita, l' - Ausgang, der

B

L'albero di Natale

Robert trascorre volentieri il suo tempo libero leggendo libri. A David piace giocare con i videogiochi per computer. Si diverte a fare degli scherzi a sua sorella e ai suoi amici. Robert e David hanno anche degli interessi in comune. A entrambi piacciono le feste in famiglia. Il Natale è la festa preferita da Robert e David. Ogni anno vanno in un supermercato e comprano un albero di Natale. Anche quest'anno Robert e David vanno insieme in un supermercato. Qui David compra dei regali di Natale per i

Weihnachtsbaum

Robert verbringt seine Freizeit gerne damit, Bücher zu lesen. David spielt gerne Computerspiele. Er spielt seiner Schwester und seinen Freunden auch gerne Streiche. Robert und David haben auch gemeinsamen Interessen. Sie mögen Familienfeiern. Weihnachten ist Roberts und Davids Lieblingsfest. Jedes Jahr gehen sie in einen Supermarkt und kaufen einen Weihnachtsbaum. Dieses Jahr gehen Robert und David auch zu Supermarkt. David kauft im Supermarkt Weihnachtsgeschenke für seine Verwandten. Robert kauft

suoi parenti. Robert compra le decorazioni per la notte di San Silvestro, botti, maschere e sorprese divertenti.

Poi vanno a scegliere l'albero di Natale. Scelgono un albero enorme e alto. Robert e David lo prendono e lo portano a fatica fino all'uscita. I ragazzi non vedono nelle vicinanze il servizio di consegna. Così Robert e David iniziano a caricare da soli l'albero di Natale. L'albero di Natale non entra nel bagagliaio. Allora decidono di legarlo sul tettuccio della macchina. Robert entra nel negozio e acquista una corda robusta. Robert e David coricano l'albero di Natale sul tettuccio dell'auto. Lo devono solo legare saldamente. In quel momento in macchina squilla il cellulare di Robert. È Gabi, sua sorella. Robert entra in macchina e risponde.

Dekorationen für Silvester, Feuerwerke, Masken und lustige Überraschungen.

Danach gehen sie einen Weihnachtsbaum aussuchen. Sie wählen einen großartigen, hohen Baum. Robert und David nehmen ihn und tragen ihn mühsam zum Ausgang. Sie zahlen für die Einkäufe und gehen zum Ausgang. Die Jungs sehen keinen Zustelldienst in der Nähe. Robert und David beginnen, den Weihnachtsbaum selbst einzuladen. Der Weihnachtsbaum passt nicht in den Kofferraum. Also beschließen sie, ihn auf das Autodach zu binden. Robert geht in den Laden und kauft ein starkes Seil. Robert und David legen den Weihnachtsbaum auf das Autodach. Sie müssen ihn nur fest anbinden. In diesem Moment klingelt Roberts Handy im Auto. Gabi, seine Schwester, ruft ihn an. Robert steigt in das Auto und hebt ab.

"Ciao", dice.

"Ciao, Robert!" dice Gabi.

"Ciao, Gabi! Come stai?" replica Robert. David inizia a legare da solo l'albero. La conversazione tra Robert e Gabi dura circa tre minuti.

"Robert, ho già legato l'albero di Natale", dice David. "Devo andare velocemente al lavoro per un minuto, così va' pure senza di me", conclude David. Il posto di lavoro è vicino al supermarket e desidera andarci a piedi.

"Ok. Hai legato bene l'albero di Natale?" chiede Robert.

"Non ti preoccupare, l'ho legato bene. Ciao", risponde David sorridendo furbescamente a Robert, e va.

Robert guida verso casa di David. Sulla strada gli altri guidatori gli sorridono. Tutti oggi sono in un'atmosfera festosa!

„Hallo", sagt er.

„Hallo, Robert!", sagt Gabi.

„Hallo, Gabi! Wie geht es dir", antwortet Robert. David beginnt, den Baum selbst anzubinden. Roberts und Gabis Gespräch dauert etwa drei Minuten.

„Robert, ich habe den Weihnachtsbaum schon festgebunden", sagt David. „Ich muss schnell für eine Minute in die Arbeit, also fahr schon mal ohne mich. Ich komme in etwa zwanzig Minuten nach", sagt David abschließend. Sein Arbeitsplatz ist nahe beim Supermarkt und er möchte dort zu Fuß hingehen.

„In Ordnung. Hast du den Weihnachtsbaum fest angebunden?", fragt Robert.

„Keine Sorge. Ich habe ihn gut festgebunden. Tschüß", antwortet David, lächelt Robert verschmitzt an und geht.

Robert fährt zu Davids Haus. Auf dem Weg lächeln die anderen Fahrer ihn an. Robert lächelt sie

Robert guida fino a casa di David. Ferma la macchina. Robert tenta di aprire la portiera della macchina. Ma la portiera non si apre. Adesso Robert nota che la corda è legata attraverso i finestrini aperti. Non può uscire dall'auto perché David ha legato anche le portiere. Robert telefona ai genitori di David. Risponde la sorella di David.

"Sì", dice Nancy.

"Nancy, sono Robert, potresti uscire un momento? E per favore porta un paio di forbici con te", risponde Robert. Nancy esce e vede che Robert è seduto nell'auto e che non può uscire. Inzia a ridere. Inoltre vede una pattumiera sull'auto. Robert taglia la corda ed esce dall'auto. Anche lui vede la pattumiera! Robert vede che la corda è legata alla pattumiera. Robert ha guidato per tutto il

auch an. Jeder ist heute in einer festlichen Stimmung! Robert fährt bis zu Davids Haus. Er hält das Auto an. Robert versucht die Tür des Autos zu öffnen. Aber die Tür öffnet sich nicht. Jetzt sieht Robert, dass das Seil durch die offenen Fenster gebunden ist. Er kann nicht aussteigen, weil David auch die Türen angebunden hat. Robert ruft Davids Eltern an. Davids Schwester hebt ab.

„Ja", Nancy ist am Hörer.

„Nancy, hier spricht Robert. Könntest du kurz nach draußen kommen? Und bring bitte eine Schere mit", bittet sie Robert. Nancy geht nach draußen und sieht, dass Robert im Auto sitzt und nicht aussteigen kann. Sie beginnt zu lachen. Außerdem sieht sie eine Mülltonne bei dem Auto. Robert schneidet das Seil durch und steigt aus. Er sieht auch die Mülltonne. Robert sieht, dass das Seil an die Mülltonne angebunden ist. Robert ist die ganze Zeit mit der Mülltonne

tempo con la pattumiera dietro. David gli ha fatto uno scherzo mentre parlava con Gabi!

"Adesso capisco perché gli automobilisti sorridevano!" dice Robert ridendo. Non è arrabbiato con David, ma sa già quale scherzo gli farà.

hinter ihm gefahren! David hat ihm einen Streich gespielt, während er mit Gabi gesprochen hat!

„Jetzt verstehe ich, warum die Fahrer gelächelt haben!", sagt Robert und lacht. Er ist nicht wütend auf David, aber er weiß schon, welchen Streich er ihm spielen wird.

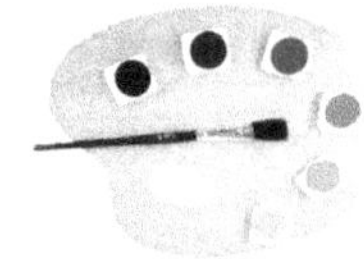

25

Die Audiodatei

Un grande incendio
Großes Feuer

A

Vocaboli
Vokabeln

1. allagamento, l' - Überschwemmung, die
2. brucia - brennt
3. cinema, il - Kino, das
4. colpa, la - Schuld, die
5. comoda - bequem
6. dimenticò - vergaß
7. ferro da stiro, il - Bügeleisen, das
8. film d'azione, il - Actionfilm, der
9. film, il - Film, der
10. foto, le - Fotos, die
11. godersi - genießen
12. influenza, l' - Einfluss, der
13. inquieta - unruhig
14. mettersi comodo - es sich bequem machen
15. moglie, la - Ehefrau, die

16. perdonare - vergeben
17. prezioso - wertvoll
18. rubinetto, il - Wasserhahn,
    der
19. sala cinematografica, la -
    Kinosaal, der

20. scena, la - Szene, die
21. sigaretta, la - Zigarette, die
22. spegnere - ausschalten
23. tesoro, il - Schatz, der
24. trascorrono - verbringen

B

Un grande incendio

Normalmente i genitori di David e Nancy trascorrono il fine settimana in casa. Ma oggi Linda e Christian vanno al cinema. Christian chiude la porta. Non c'è nessno in casa. David e Nancy sono andati a trovare Robert e Gabi.

Linda e Christian entrano nella sala cinematografica e si siedono. Il film inizia. È un film d'azione. A Linda e Christian piacciono i film d'azione. Improvvisamente Linda dice: "Tesoro! Credo che tu abbia dimenticato di spegnere una sigaretta a casa".

"Ti sembra. È tutto ok.

Großes Feuer

Die Eltern von David und Nancy verbringen das Wochenende normalerweise zu Hause. Aber heute gehen Linda und Christian ins Kino. Christian schließt die Tür. Es ist niemand zu Hause. David und Nancy sind Robert und Gabi besuchen gegangen.

Linda und Christian gehen in den Kinosaal und setzen sich. Der Film beginnt. Es ist ein Actionfilm. Linda und Christian mögen Actionfilme. Plötzlich sagt Linda: „Schatz! Ich glaube, dass du zu Hause vergessen hast eine Zigarette auszumachen."

„Das glaubst du nur. Alles ist in Ordnung. Beruhige dich und genieß den Film", antwortet Christian

Rilassati e goditi il film",
risponde Christian tranquillo a
sua moglie.

"Sì, hai ragione, Christian",
dice Linda. Si mette comoda
sulla sedia, sorride e guarda il
film. Ma improvvisamente nel
film c'è la scena di un incendio.
Linda urla: "Christian! E se
avessi dimenticato di spegnere
il ferro da stiro?"

"Linda, il film non ti fa bene!"
dice Christian. Linda tenta di
calmarsi. Ma non dura a lungo.
Dice nuovamente: "Christian,
perché non lo capisci? Il fuoco
brucia tutto - dicumenti, soldi,
foto, oggetti di valore! Non
riesco a rimanere seduta più a
lungo!" Linda si alza e va verso
l'uscita. Christian le corre
dietro. Prendono un taxi e
tornano a casa. Christian è molto triste. Voleva passare la
serata guardando un film
interessante con sua moglie.

ruhig seiner Frau.

„Ja, du hast recht, Christian", sagt
Linda. Sie macht es sich in ihrem
Stuhl bequem, lächelt und schaut
den Film. Aber plötzlich gibt es eine
Feuerszene im Film. Linda schreit:
„Christian! Was ist, wenn ich
vergessen habe, das Bügeleisen
auszuschalten?"

„Linda, der Film tut dir nicht
gut!", sagt Christian. Linda versucht
sich zu beruhigen. Aber es dauert
nicht lange. Sie sagt noch einmal:
„Christian, warum kannst du das
nicht verstehen? Feuer verbrennt
alles - Unterlagen, Geld, Fotos,
Wertsachen! Ich kann hier nicht
länger sitzen bleiben!" Linda steht
auf und geht zum Ausgang.
Christian rennt ihr nach. Sie
nehmen ein Taxi und fahren nach
Hause. Christian ist sehr traurig. Er
wollte den Abend damit
verbringen, einen interessanten
Film mit seiner Frau zu sehen.

„Linda, es tut mir leid, aber

"Linda, mi dispiace, ma a volte rovini tutto! Non vedevo l'ora di vedermi un film con te, di passeggiare e poi di notte andare in un caffè in centro!" dice Christian. Linda si sente in colpa.

"Christian! Perdonami, Christian! Sono così inquieta", dice Linda a suo marito. Christian è contento che sua moglie ammetta il suo errore. Arrivano a casa e scendono dall'auto.

"Christian!",urla Linda. Guardano la casa. E cosa vedono? Davanti casa ci sono i pompieri e alcuni poliziotti. Christian e Linda corrono in casa. Dentro non c'è alcun incendio ma un allagamento! Linda aveva dimenticato di chiudere un rubinetto quando andò al cinema con suo marito.

manchmal ruinierst du alles! Ich habe mich sehr darauf gefreut, einen Film mit dir anzusehen, dann mit dir in der Stadt nachts spazieren zu gehen und in ein Café zu gehen!", sagt Christian. Linda fühlt sich schuldig.

„Vergib mir, Christian! Ich bin nur so unruhig", sagt Linda zu ihrem Ehemann. Christian freut sich, dass seine Ehefrau ihren Fehler zugibt. Sie kommen bei ihrem Haus an und steigen aus dem Auto.

„Christian!", schreit Linda. Sie schauen auf ihr Haus. Und was sehen sie? Vor dem Haus stehen ein Feuerwehrwagen und einige Polizisten. Christian und Linda rennen in das Haus. Dort ist kein Feuer, aber eine Überschwemmung! Linda hatte vergessen, einen Wasserhahn abzudrehen, als sie mit ihrem Ehemann ins Kino ging.

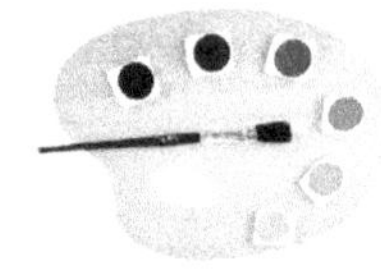

26

Die Audiodatei

Attenzione, cane furioso!

Vorsicht, wütender Hund!

 **A**

Vocaboli

Vokabeln

1. abbaiando - bellend
2. abbaiare - bellen
3. avventato contro - losgestürzt
4. brivido, il - Schauder, der
5. catena, la - Kette, die
6. compone - wählt
7. conoscente, il - Bekannte, der
8. cuccia, la - Hundehütte, die
9. disciplinato - diszipliniert
10. filo, il - Faden, der
11. gomma, la - Gummi, der
12. in modo strano - seltsam
13. insolitamente - ungewöhnlich
14. laccio emostatico, il - Tourniquet, das
15. medico - medizinisch
16. metri, i - Meter, die
17. portone, il - Tor, das
18. robusta, forte - stark
19. sapendo - wissend
20. schiantato - gekracht
21. strappò - zerriss

22. temperamento, il -
Temperament, das
23. temporaneamente -
vorübergehend
24. tendere, allungare - dehnen

25. tirato violentemente; lanciato
- geworfen
26. tuttavia - trotzdem
27. utilizzando - verwendet
28. visto - gesehen

 **B**

Attenzione, cane furioso!

Un giorno Robert si reca a fare visita ad un conoscente. In casa lui ha un grosso cane. Normalmente è legato vicino alla sua cuccia. La segnalazione sul portone "Attenzione, cane rabbioso" è proprio vera. Robert conosce bene il temperamento del cane, per questo sta molto lontano dal cancello e compone il numero di telefono del suo conoscente. Lui vuole che il suo conoscente venga fuori e tenga fermo il cane. Così Robert può entrare velocemente in casa.

Tuttavia il cane sente Robert ed esce dalla sua cuccia per abbaiare. Benché un recinto lo separi dal cane, Robert sente un

Vorsicht, wütender Hund

Eines Tages geht Robert seinen Bekannten besuchen. Er hat einen großen Hund zu Hause. Der Hund ist normalerweise neben seiner Hundehütte angekettet. Der Hinweis auf dem Tor 'Vorsicht, wütender Hund' ist wirklich wahr. Robert kennt das Temperament des Hundes, deshalb bleibt er weit entfernt vom Tor stehen und wählt die Telefonnummer seines Bekannten. Er möchte, dass sein Bekannter herauskommt und den Hund festhält. Dann kann Robert schnell in das Haus gehen.

Der Hund hört Robert trotzdem und kommt aus der Hundehütte um zu bellen. Obwohl Robert durch einen Zaun vom Hund

brivido lungo la schiena - il cane gigantesco è legato solo a una corda sottile, quasi un filo...

Ma il cane questa volta si comporta in modo strano. Corre verso Robert ma per tutto il tempo guarda indietro verso la corda. Corre finché la corda si tende un po' e poi rimane fermo. E solo dopo inizia ad abbaiare forte contro Robert. Il suo conoscente esce e tiene indietro il cane. Lui e il suo conoscente entrano in casa.

"Come mai è così insolitamente disciplinato?" chiede Robert, "una volta quasi strappava la catena - per quanto violentemente si era avventato per attaccare".

"Non solo la catena", risponde il conoscente di Robert, "con che cosa non l'ho legato?! Ho provato di tutto. Quando ha rotto l'ultima catena robusta non avevo più niente per poterlo legare. Avevo

getrennt ist, fühlt er ein Schaudern - der riesige Hund hängt nur an einer dünnen Leine, beinahe einem Faden ...

Aber der Hund verhält sich dieses Mal seltsam. Er rennt zu Robert, aber schaut die ganze Zeit zurück auf die Leine. Er rennt, bis sich die Leine ein wenig dehnt, und bleibt dann stehen. Und erst dann beginnt er Robert laut anzubellen. Sein Bekannter kommt aus dem Haus und hält den Hund zurück. Robert und sein Bekannter gehen in das Haus.

„Warum ist er so ungewöhnlich diszipliniert?", fragt Robert. „Früher hat er die Kette beinahe zerrissen - so heftig ist er losgestürzt um zu attackieren."

„Nicht nur die Kette", antwortet Roberts Bekannter, „mit was habe ich ihn nicht festgebunden? Ich habe alles versucht. Als er die letzte starke Kette zerrissen hat, hatte ich nichts mehr, um ihn festzubinden. Ich hatte nur noch

solo un laccio emostatico di gomma. Pensavo, be', lo lego così, temporaneamente, finché non vado in un negozio a comprare una nuova catena. Lo avevo legato bene e poi passò un vicino. Come al solito il cane gli si è avventato contro abbaiando. Ma questa volta il laccio di gomma si è allungato ed ha tirato violentemente indietro il cane per quasi tre metri! Si è schiantato sulla cuccia. E questo è successo un paio di volte. Il giorno dopo mi sono accorto che il cane era più prudente. Faceva attenzione tutto il tempo a che il laccio di gomma non si allungasse. Non ho avuto tempo per acquistare una nuova catena. E mia madre recentemente ha avuto bisogno del laccio emostatico. Gliel'ho tolto e l'ho dato a lei. Già da qualche giorno sto utilizzando questa corda sottile. Ma il cane è diventato più prudente!

ein medizinisches Tourniquet aus Gummi. Ich dachte mir, gut, ich werde ihn vorübergehend damit festbinden, bis ich in einen Laden gehe, um eine neue Kette zu kaufen. Ich habe ihn festgebunden und dann kam ein Nachbar vorbei. Also ist der Hund wie immer bellend losgestürzt. Aber dieses Mal hat sich das Tourniquet aus Gummi gedehnt und hat dann den Hund etwa drei Meter zurückgeworfen! Er ist in die Hundehütte gekracht. Das gleiche ist noch ein paar Mal passiert. Am nächsten Tag habe ich gesehen, dass der Hund vorsichtiger wurde. Er hat die ganze Zeit darauf aufgepasst, dass sich das Tourniquet nicht dehnt. Ich hatte keine Zeit eine neue Kette zu kaufen. Und meine Mutter hat das Tourniquet vor kurzem gebraucht. Ich habe es abgenommen und ihr gegeben. Ich habe diese dünne Leine schon seit einigen Tagen verwendet. Aber der Hund ist vorsichtiger geworden!

27

Die Audiodatei

L'errore di Marte
Der Fehler von Mars

A

Vocaboli
Vokabeln

1. casa, la; famiglia, la - Haushalt, der
2. catturato - gefangen
3. cavo, il - Kabel, das
4. ci riesce - hat Erfolg
5. con successo - erfolgreich
6. concluso - ausgegangen
7. di rado; raramente - selten
8. elettrico - elektrisch
9. essere fortunato - Glück haben
10. file, il - Datei, die
11. giustiziere, il; boia, il - Scharfrichter, der
12. Marte - Mars
13. medievale - mittelalterlich
14. pace, la - Friede, der
15. perdonato - vergeben
16. poltrona, la - Lehnstuhl, der
17. possibilità, la - Möglichkeit, die
18. presa elettrica, la - Steckdose, die
19. schermo, lo - Bildschirm, der

20. sembrare - erscheinen
21. sensate - vernünftig
22. sotto - unter
23. spina, la - Stecker, der
24. spingere - drücken
25. tappeto, il - Teppich, der
26. uragano, l' - Hurrikan, der
27. zampa, la - Pfote, die

B

L'errore di Marte

Una sera David siede sul sofà e legge una rivista. Sua madre siede vicino e sta al computer a sbrigare un po' di lavoro. C'è pace e silenzio... E poi Marte, il gatto, si precipita nella stanza. È un vero uragano in casa! In soli cinque secondi corre tre volte per la stanza, si aggrappa ad un tappeto e da lì salta direttamente su David, poi corre sotto il sofà, risbuca fuori, si scuote e fa altre cento cose non molto sensate. Poi si siede nel mezzo della stanza e riflette - ma cosa'altro ancora doveva combinare? Giocare con qualcuno della famiglia adesso non è possibile. In quel momento il gatto nota il cavo

Der Fehler von Mars

Eines Abends sitzt David auf dem Sofa und ließt eine Zeitschrift. Seine Mutter sitzt in der Nähe am Computer und erledigt ein bisschen Arbeit. Es ist ruhig und still... Und dann kommt der Kater Mars in das Zimmer gestürzt. Er ist ein wirklicher Hurrikan im Haushalt! In nur fünf Sekunden rennt er drei Mal durch das Zimmer, klettert auf einen Teppich, springt von dort direkt zu David, rennt dann unter das Sofa, kommt wieder hervor, schüttelt sich und macht hundert andere nicht sehr vernünftige Dinge. Dann sitzt der Kater in der Mitte des Zimmers und überlegt - was sollte er sonst noch machen? Mit jemandem aus der Familie zu spielen ist gerade nicht möglich. In diesem Moment bemerkt der Kater das Stromkabel des

elettrico del computer. Il gatto salta su una poltrona e inizia a giocare con il cavo. Prima che David possa fare qualcosa, il gatto riesce a concludere il compito che aveva iniziato. La spina si sfila un po' dalla presa elettrica. E... il computer si spegne! La mamma di David guarda lo schermo nero e non capisce cosa sta succedendo. Di colpo si ricorda che ha salvato il file sul computer due ore fa. Linda si gira lentamente verso il gatto e sul suo viso si può distinguere il ghigno di un boia medievale. Il gatto inizia a sentire che si avvicina la fine della sua vita felice. Ma ha miagolato così poco, ha catturato così pochi topi, ha giocato così di rado con Fedora, la gatta del vicino! E così Marte si volta verso la spina che non si era completamete sfilata dalla presa e inzia con la sua zampina a spingerla di nuovo

Computers. Der Kater springt auf einen Lehnstuhl und beginnt mit dem Stromkabel zu spielen. Bevor David irgendetwas unternehmen kann, gelingt es dem Kater die Aufgabe zu beenden, die er angefangen hat. Der Stromstecker kommt ein Stück aus der Steckdose. Und... der Computer schaltet sich aus! Davids Mutter schaut auf den schwarzen Bildschirm und merkt nicht, was gerade passiert. Plötzlich erinnert sie sich daran, dass sie die Datei vor zwei Stunden auf dem Computer gespeichert hat. Dann dreht sich Linda langsam in Richtung des Katers und man kann das Lächeln eines mittelalterlichen Scharfrichters in ihrem Gesicht erkennen. Der Kater beginnt zu fühlen, dass das Ende seines glücklichen Lebens naht. Aber er hat so wenig miaut, hat so wenige Mäuse gefangen, hat so selten mit der Nachbarkatze Fedora gespielt. Und dann dreht sich Mars zu dem Stecker, der nicht ganz aus der Steckdose gerutscht ist, und beginnt

dentro. Probabilmente spera che verrà perdonato se riuscirà a risistemare tutto. E ci riesce! La spina s'infila nella presa e il computer si accende! Marte lascia velocemente la stanza e si sdraia vicino a una finestra in cucina. Guarda la strada e probabilmente pensa che è stato molto fortunato che tutto si sia concluso con successo.

ihn mit seiner Pfote wieder in die Steckdose zu drücken. Er hofft wahrscheinlich, dass ihm vergeben wird, wenn er alles reparieren kann. Und er hat Erfolg! Der Stecker steckt in der Steckdose und der Computer schaltet sich ein! Mars verlässt schnell das Zimmer und legt sich neben ein Fenster in der Küche. Er schaut auf die Straße und denkt wahrscheinlich, dass er sehr viel Glück hatte, dass alles so erfolgreich ausgegangen ist.

28

Die Audiodatei

Saltare la fila

Sich vordrängeln

A

Vocaboli
Vokabeln

1. arrabbiata - wütend
2. bottega, la; negozietto all'angolo, il - Laden an der Ecke, der
3. campioni, i - Proben, die
4. cassa, la - Kasse, die
5. chilogrammo, il; chilo, il - Kilogramm, das
6. commessa, la - Verkäuferin, die
7. compagno di scuola, il - Schulfreund, der
8. contanti, i - Bargeld, das

9. contro - gegen
10. dal - seit
11. detto - gesagt
12. direttore - Geschäftsführer, der
13. ex - früherer
14. fiera - stolz
15. formaggio, il - Käse, der
16. indignazione, l' - empört
17. insolenza, l' - Unverschämtheit, die
18. motivi, i - Umstände, die
19. organizzazione, l' - Organisation, die
20. pagnotta, la; forma, la - Laib, der
21. pane, il - Brot, das
22. pomodoro, il - Tomate, die
23. questi - diese
24. ragazzo, il - Kerl, der; Junge, der
25. rischio, il - Risiko, das
26. salame, il; affettati, gli - Wurst, die
27. saliva - stieg
28. saltare la fila - sich vordrängen
29. scusarsi - sich entschuldigen
30. si rivolge a - spricht an
31. signore, il - Herr, der
32. sorregge - gibt Halt, hält fest
33. sorvegliando - überwachend
34. spiegazione, la - Erklärung, die
35. succo, il - Saft, der
36. umile - bescheiden
37. vendetta, la - Rache, die
38. venduti - verkauft

B

Saltare la fila

Un giorno David va al negozietto all'angolo per comprare degli affettati e del formaggio. Ci sono molte persone nel negozio. David si mette in fila e si guarda intorno. Un ex compagno di scuola di David, Michael, entra nel negozio e va direttamente alla cassa senza

Sich vordrängeln

Eines Tages geht David in den Laden an der Ecke um Wurst und Käse zu kaufen. Es sind viele Leute im Laden. David stellt sich in der Schlange an und sieht sich um. Davids früherer Schulfreund, Michael, betritt den Laden und geht direkt zur Kasse, ohne die Schlange zu beachten. Michael war

rispettare la fila. Michael a scuola era un ragazzo umile. Se qualcuno gli pestava un piede era lui a chiedere scusa. Non era cambiato da allora e se aveva deciso di saltare la fila, allora dovevano esserci dei motivi molto seri. Scusandosi più volte con le persone in fila si rivolge alla commessa per nome e dice: "Julia per favore, dammi un chilo di salame, una pagnotta e una confezione di succo di pomodoro".

Sorpresi da questa insolenza, le persone in fila esprimono sdegno per il comportamento di Michael. Michael risponde "mi dispiace" o "scusa" a ogni frase che è rivolta contro di lui. Quando va via dalla fila scusandosi ancora una volta, le persone parlano con la commessa e pretendono una spiegazione.

"Ciao, Michael!" gli dice David

ein bescheidener Junge in der Schule. Wenn jemand auf seinen Fuß stieg, war er es, der sich entschuldigte. Er hatte sich seitdem nicht verändert und wenn er beschloss, sich vorzudrängen, dann mussten die Umstände sehr ernst sein. Er hatte sich mehrmals bei den Leuten in der Schlange entschuldigt und spricht nun die Verkäuferin mit ihrem Namen an: „Julia, gib mir ein Kilogramm Wurst, einen Laib Brot und eine Packung Tomatensaft, bitte."

Überrascht von dieser Unverschämtheit, zeigen sich die Leute in der Schlange empört über Michael. Michael antwortet „Es tut mir leid" oder „Entschuldigung" auf jeden Satz, der gegen ihn gerichtet ist. Als er sich noch einmal entschuldigt und von der Schlange weggeht, reden die Leute mit der Verkäuferin und fordern eine Erklärung.

„Hallo, Michael!", sagt David zu

sorridendo, "come stai vecchio mio?"

"David!" dice Michael, "ciao, mio caro! Non ci vediamo da molto tempo!"

Ma le persone in fila non si calmano. Una signora anziana piccolina chiede del direttore.

"Direttore", dice la commessa all'ex compagno di classe di David, "domandano di lei!"

"Anche se lei è il direttore non ha alcun diritto di trasgredire le regole!" urla arrabbiata la signora anziana. Con la borsa tira un colpo sulla gamba di Michael e lascia fiera il negozio. David sorregge Michael affinché non cada. Guardano le altre persone in fila con prudenza. Ma queste sono già soddisfatte della vendetta della donna anziana e si allontanano.

"Una società di controllo e sicurezza alimentare chiede

ihm und lächelt, „wie geht es dir, alter Junge?"

„David!", sagt Michael, „hallo, mein Lieber! Lange nicht gesehen!"

Aber die Leute in der Schlange beruhigen sich nicht. Eine kleine alte Frau verlangt den Geschäftsführer.

„Herr Geschäftsführer", sagt die Verkäuferin zu Davids früherem Schulfreund, „man verlangt nach Ihnen!"

„Auch wenn Sie der Geschäftsführer sind, haben Sie trotzdem kein Recht, die Regeln zu brechen!", schreit die alte Frau wütend. Sie schlägt Michaels Bein mit ihrer Tasche und verlässt stolz den Laden. David hält Michael fest, damit er nicht umfällt. Sie sehen die anderen Leute in der Schlange mit Vorsicht an. Aber die sind mit der Rache der alten Frau zufrieden und drehen sich von ihnen weg.

urgentemente dei campioni dei generi alimentari che vengono venduti nel nostro negozio", spiega Michael a David. "Non mi sarei mai immaginato che avrei corso un simile rischio chiedendo alla commessa di darmi questi campioni".

„Eine Kontrollfirma fordert dringend Proben von Nahrungsmitteln, die in unserem Laden verkauft werden", erklärt Michael David. „Ich dachte mir nicht, dass ich ein Risiko eingehen würde, indem ich die Verkäuferin bitte, mir diese Proben zu geben."

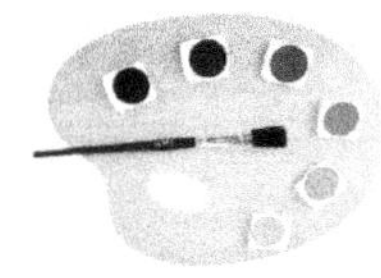

29

Die Audiodatei

13

Posto numero tredici
Sitzplatz Nummer dreizehn

A

Vocaboli
Vokabeln

1. account, l' - Account, der
2. autobus, l' - Bus, der
3. bacia - küsst
4. cancella - löscht
5. connessione, la; linea, la - Verbindung, die
6. conoscente, il - Bekannte, der
7. contento - erfreut
8. entrando - beitretend
9. esercizio, l' - Übung, die
10. Forze Armate, le - Heer, das
11. frasi, le - Sätze, die
12. galleria, la; tunnel, il - Tunnel, der
13. ieri - gestern
14. illuminarsi - aufleuchten
15. inatteso, inaspettato - unerwartet
16. laptop, il - Laptop, der
17. libro di testo, il - Arbeitsbuch, das
18. messaggio, il - Nachricht, die
19. non riesce - kann nicht
20. parte - fährt ab
21. passare - vergehen
22. piangere - weinen
23. posto a sedere, il - Sitzplatz, der
24. preoccupata - besorgt
25. profilo, il - Profil, das

26. ricaricare - aufladen
27. scrivere un post, postare -
    posten
28. spagnolo, lo - Spanisch
29. sposare - heiraten
30. sprecare - vergeuden
31. squillare - läuten
32. sta chiamando - ruft gerade an
33. studiare - lernen

34. tablet, il - Tablet, das
35. testo, il - Text, der
36. tradurre - übersetzen
37. tram, il - Straßenbahn, die
38. tredici - dreizehn
39. Twitter - Twitter
40. uscire da un account -
    ausloggen

 **B**

Posto numero tredici

Robert va a fare visita alla sua fidanzata Elena. Non le dice nulla perché vuole farle una sorpresa. Vuole chiederle di sposarlo.

Robert compra un biglietto dell'autobus. Il viaggio dura due ore. Robert non vuole sprecare tempo. Porta con sé un libro di testo. Vuole studiare lo spagnolo.

Robert sale sull'autobus. Il numero del suo posto è il tredici. Un uomo si siede accanto a lui. L'autobus parte dalla stazione. Robert prende il

Sitzplatz Nummer dreizehn

Robert fährt seine Freundin Elena besuchen. Er sagt ihr nicht Bescheid, weil er unerwartet kommen will. Er möchte sie fragen, ob sie ihn heiraten will.

Robert kauft eine Fahrkarte für den Bus. Die Fahrt dorthin dauert zwei Stunden. Robert möchte seine Zeit nicht vergeuden. Er nimmt ein Arbeitsbuch mit. Er möchte Spanisch lernen.

Robert steigt in den Bus. Er hat Sitzplatz Nummer dreizehn. Ein Mann setzt sich neben ihn. Der Bus fährt vom Busbahnhof ab. Robert nimmt sein Arbeitsbuch heraus. Er

suo libro di testo. Inizia con il primo esercizio. Robert deve tradurre un testo. Traduce solo due frasi poi il suo cellulare inzia a squillare. David lo sta chiamando.

"Ciao Robert. È vero?" chiede David.

"Sì, è vero", risponde Robert, "quindi... come l'hai saputo?"

"L'ho letto su Twitter. È formidabile! Peccato che non ci vedremo per molto tempo. Ti auguo buona fortuna!" dice David e chiude la conversazione.

Robert non capisce nulla. Perché non si vedranno per molto tempo? E non ha nemmeno scritto su Twitter che va da Elena per chiederle di sposarlo. Robert riprende il suo libro e tenta di studiare lo spagnolo. Passano circa quindici minuti. Il cellulare squilla di nuovo. Sullo schermo

beginnt mit der ersten Übung. Robert muss einen Text übersetzen. Er übersetzt nur zwei Sätze, dann beginnt sein Handy zu läuten. David ruft gerade an.

„Hallo, Robert. Ist es wahr?", fragt David.

„Ja, es ist wahr", antwortet Robert, „also... wie hast du davon erfahren?"

„Ich habe es auf Twitter gelesen. Es ist großartig! Es ist schade, dass wir uns länger nicht sehen. Ich wünsche dir viel Glück!", sagt David und beendet das Gespräch.

Robert versteht nichts. Warum werden sie sich länger nicht sehen? Er hat auch nicht auf Twitter gepostet, dass er zu Elena fährt, um sie zu bitten, ihn zu heiraten. Robert nimmt sein Textbuch wieder heraus. Er versucht Spanisch zu lernen. Es vergehen ungefähr fünfzehn Minuten. Das Handy läutet noch einmal. Lenas Telefonnummer

appare il numero di Lena.

"Ciao Robert", dice Lena.

"Ciao Lena", risponde Robert.

"Perché non mi hai detto niente?" dice Elena iniziando a piangere, "ti aspetterò…"

L'autobus entra in una galleria e cade la linea. Robert è confuso. Guarda il suo libro ma non riesce a studiare. Pensa a queste strane telefonate. Poi vede il numero tredici sul suo posto a sedere. Robert diventa inquieto. Prende il suo cellulare per chiamare Elena. Lo schermo del suo telefonino però non si illumina. Ha dimenticato di ricaricarlo.

Un'ora più tardi l'autobus arriva nella città di Elena. Robert lascia la stazione e prende il tram verso casa di Elena. Arriva inatteso a casa sua e Lena è molto

erscheint auf dem Bildschirm.

„Hallo, Robert", sagt Lena.

„Hallo, Lena", antwortet Robert.

„Warum hast du mir nichts davon erzählt?", sagt Elena und beginnt zu weinen, „ich werde auf dich warten…"

Der Bus fährt in einen Tunnel und die Verbindung wird unterbrochen. Robert ist verwirrt. Er schaut in sein Arbeitsbuch, aber er kann nicht lernen. Er denkt an die seltsamen Anrufe. Dann sieht er die Zahl dreizehn auf seinem Sitzplatz. Robert wird unruhig. Er nimmt sein Handy heraus, um Elena anzurufen. Der Bildschirm des Handys leuchtet nicht auf. Robert hat vergessen es aufzuladen.

Der Bus kommt eine Stunde später in Elenas Stadt an. Robert verlässt den Busbahnhof und nimmt die Straßenbahn zu Elenas Haus. Er kommt unerwartet zu ihrem Haus und Lena ist sehr

preoccupata.

"Ciao Lena", dice e l'abbraccia.

"Ciao Robert", risponde Elena. È felice che Robert sia venuto. Lo bacia.

"Perché mi hai detto che mi avresti aspettato?" chiede Robert. "Aspettare che io torni da dove?"

"Ho letto su Twitter che vuoi entrare nelle Forze Armate", dice lei.

Robert si ricorda che ieri sera ha postato qualcosa su Twitter nel tablet di un suo conoscente e che si è dimenticato di uscire dal suo account. Robert capisce che il suo conscente gli ha fatto uno scherzo. Chiede a Lena di accendere il suo laptop. Entra nel suo account e cancella la notizia "Entrerò nelle Forze Armate". Robert ed Elena

besorgt.

„Hallo, Lena", sagt er und umarmt sie.

„Hallo, Robert", antwortet Elena. Sie freut sich, dass Robert gekommen ist. Sie küsst ihn.

„Warum hast du mir gesagt, dass du auf mich warten würdest?", fragt Robert. „Auf mich warten um von wo zurückzukommen?"

„Ich habe auf Twitter gelesen, dass du dem Heer beitreten willst", sagt sie.

Robert erinnert sich, dass er gestern Abend auf dem Tablet seines Bekannten etwas auf Twitter gepostet hat, und dass er vergessen hat, sich aus seinem Account auszuloggen. Robert merkt, dass sein Bekannter ihm einen Streich gespielt hat. Er bittet Lena, ihren Laptop einzuschalten. Er loggt sich in seinen Account ein und löscht die Nachricht „Ich werde dem Heer beitreten". Robert und Elena lachen.

ridono. Robert chiama David e gli racconta tutta la storia. Gli racconta pure che Lena ha accettato di sposarlo.

"Sono molto felice di sapere che ti sposerai piuttosto che arruolarti nell'Esercito!" dice David contento.

Robert ruft David an und erzählt ihm die ganze Geschichte. Er erzählt ihm auch, dass Lena zugestimmt hat, ihn zu heiraten.

„Ich freue mich sehr, dass du heiraten wirst statt dem Heer beizutreten!", sagt David erfreut.

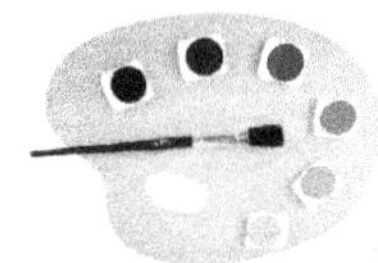

Die Audiodatei

Compito a casa
Hausaufgabe

A

Vocaboli
Vokabeln

1. capace - tüchtig
2. classe, la - Klasse, die
3. fatto - gemacht
4. felici - glücklich
5. foglio, il - Blatt, das
6. lezione, la; scuola, la - Unterricht, der
7. non corretto - unkorrigiert
8. pomeriggio, il - Nachmittag, der
9. rallegrarsi - sich freuen
10. sgrida - schimpft
11. stupido - dumm
12. tremendamente - fürchterlich
13. un solo - einzigen

B

Compito a casa	Hausaufgabe

Nancy va a scuola e frequenta la terza elementare. Linda e Christian prestano molta attenzione ai suoi studi. Correggono sempre i suoi compiti a casa. Ma per loro lo spagnolo è difficile da correggere. Così è David a correggere sempre i compiti di spagnolo. Nancy è una bambina molto capace ma trova difficile imparare lo spagnolo. Così la aiuta molto David.

Dopo un po' di tempo inzia a fare tutti gli esercizi senza errori. Christian e Linda sono contenti che lei stia imparando così bene lo spagnolo.

Una sera David, come tutte le sere, corregge gli esercizi di spagnolo di sua sorella. Vede che è tutto giusto. Non c'è un solo errore. David è molto contento. Mostra l'esercizio di sua sorella a

---

Nancy geht in der Schule in die dritte Klasse. Linda und Christian geben sehr viel Acht auf ihre Studien. Sie korrigieren immer ihre Hausaufgaben. Aber es fällt ihnen schwer, Spanisch zu korrigieren. Also korrigiert David immer Spanisch. Nancy ist ein tüchtiges Mädchen. Aber es fällt ihr schwer, gut Spanisch zu lernen. Also hilft ihr David viel zu lernen.

Nach einiger Zeit beginnt Nancy alle Übungen ohne Fehler zu machen. Christian und Linda freuen sich, dass sie so gut Spanisch lernt.

Eines Abends korrigiert David wie immer die Spanischhausübung seiner Schwester. Er sieht, dass alles richtig gemacht ist. Es gibt keinen einzigen Fehler. David freut sich sehr. Er zeigt die Hausübung

Christian e Linda. Sono tutti molto felici ed elogiano Nancy.

Ma il mattino successivo Linda vede sulla scrivania di sua figlia un foglio di carta con il compito per casa che David ieri le ha corretto. Linda si rende conto che sua figlia ha dimenticato il compito sulla scrivania. Ed è preoccupata perché sua figlia oggi è andata a scuola senza il suo esercizio.

Nancy il pomeriggio torna a casa e Linda le domanda:

"Oggi hai dimenticato il tuo compito di spagnolo a casa?" dice. "E adesso hai preso un brutto voto?"

"No, mamma", le risponde sua figlia, "l'esercizio andava bene e ho ricevuto un bel voto. Perché lo pensi?" chiede Nancy sorpresa.

"Hai preso un bel voto?" anche Linda è sorpresa. "Ma com'è possibile? È qui, sulla scrivania.

seiner Schwester Christian und Linda. Alle sind sehr glücklich und loben Nancy.

Aber am nächsten Morgen sieht Linda ein Blatt Papier mit der Hausübung, die David gestern korrigiert hat, auf dem Tisch ihrer Tochter. Linda merkt, dass ihre Tochter das Blatt Papier auf dem Tisch vergessen hat. Sie macht sich Sorgen um ihre Tochter, weil sie heute ohne ihre Hausübung in den Unterricht gegangen ist.

Nancy kommt am Nachmittag nach Hause und Linda fragt sie:

„Hast du heute deine Hausübung für Spanisch vergessen?", fragt sie. „Und hast du jetzt eine schlechte Note dafür bekommen?"

„Nein, Mama", antwortet ihr ihre Tochter, „Die Aufgabe war in Ordnung. Ich habe eine gute Note bekommen. Warum glaubst du das?", sagt Nancy überrascht.

„Du hast eine gute Note bekommen?", Linda ist auch überrascht, „Aber wie ist das möglich? Sie liegt hier auf dem

Questo è l'esercizio per oggi che David ti ha corretto".

"Questo è quello di ieri", le spiega sua figlia, "lo abbiamo corretto ieri in classe".

Linda non capisce cosa succede…

"E perché hai chiesto a David di correggere un vecchio compito che era già stato corretto in classe?" domanda Linda. "Perché non gli hai chiesto di correggere l'esercizio che era per oggi?"

"Perché non riesci a capirlo?" le dice sua figlia. "Sarebbe stupido mostrargli degli esercizi non corretti. David mi rimprovera e mi sgrida tremendamente per ogni errore! Per questo gli do gli esercizi di ieri che abbiamo già corretto in classe".

Tisch. Das ist die Hausübung für heute, die David korrigiert hat."

„Das ist die Hausübung von gestern", erklärt ihr ihre Tochter, „wir haben sie gestern im Unterricht korrigiert."

Linda versteht nicht, was los ist…

„Und warum hast du David gebeten, eine alte Hausübung zu korrigieren, die schon im Unterricht korrigiert wurde?", fragt Linda, „Warum hast du ihn nicht gebeten, die Aufgabe zu korrigieren, die du für heute bekommen hast?"

„Warum kannst du das nicht verstehen?", sagt ihre Tochter zu ihr, „es wäre dumm, ihm unkorrigierte Arbeiten zu zeigen. David schreit mich an und schimpft fürchterlich mit mir wegen jedes Fehlers! Deshalb gebe ich ihm die Aufgaben von gestern, die wir schon in der Schule korrigiert haben."

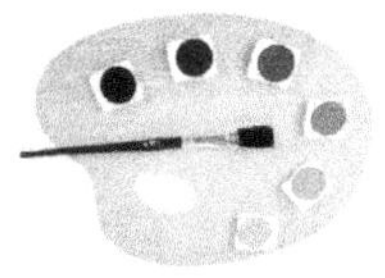

Wörterbuch Italienisch-Deutsch

a lei dispiace, le dispiace - es tut ihr leid
a me, me - mir, mich
abbaia - bellt
abbaiando - bellend
abbaiare - bellen
abbaiava - bellte
abbastanza - genug
abbraccia - umarmt
accanto - neben
accarezzando - streichelt
accidentalmente - versehentlich
accingersi, avviarsi - macht sich auf
accompagna - begleitet
accoppiamento, l' - Paarung, die
account, l' - Account, der
accuratamente - genau, sorgfältig
acqua, l' - Wasser, das
acquario, l' - Aquarium, das
acquisti, gli - Einkäufe, die
ad un altro - einem anderen
adatto - geeignet
addormentasi - einschlafen
adesso - jetzt
adulare - schmeicheln
aereo, l' - Flugzeug, das
aiuola, l' - Blumenbeet, das
aiuta - hilft
aiutare - helfen
al posto di - statt
alba, l' - Tagesanbruch, der
albero, l' - Baum, der
alcuni - einige
alla fine - schließlich
allagamento, l' - Überschwemmung, die
allegra - fröhlich

allegro - fröhlich, glücklich
allenato - trainiert
alta - hoch
alternativa, l' - Alternative, die
altro - anderen
alzarsi - aufstehen
ama - liebt, hat gerne
amabile, gentile - nett
amare - lieben
ambiente, l' - Umgebung, die
ambito, l'; settore il - Arbeitsbereich, der
amici, gli - Freunde, die
amico, l' - Freund, der
ammetto - gebe zu
ammira - bewundert
anche - auch
ancora - immer noch, noch einmal
andare - gehen
andare a passeggio con il cane - mit dem Hund Gassi gehen
andare a vedere - vorbeischauen
andò - ging
angolo, l' - Ecke, die
anima, l' - Seele, die
animale domestico, l' - Haustier, das
animale, l' - Tier, das
animali domestici, gli - Haustiere, die
anni, gli - Jahre, die
anno, l' - Jahr, das
annuisce - nickt
antico - alte
anziana - alt
anziano - älterer
apparenza, l' - Erscheinung, die
appartamento - Wohnung, die

appartiene - gehört
appunto, l' - Notiz, die
aprire - öffnen
architetto, l' - Architekt, der
arrabbiata - wütend
arriva, viene - kommt
arrivano - kommen an
arrivo, l' - Ankunft, die
arrossisce - errötet
arte, l' - Kunst, die
articoli (di legge), gli - Paragrafen,
    die
artista, l' - Künstler, der
ascensore, l' - Aufzug, der
asciugamano, l' - Handtuch, das
ascolta - hört zu
asiatica - asiatisch
asilo, l' - Kindergarten, der
aspetta - wartet
aspettare - warten
aspettati - erwartet
assonnato - schläfrig
assumere - einstellen
attacca - attackiert, befestigt
attacca; riattacca (il telefono) -
    legt auf
attentamente - aufmerksam,
    genau
attiva, attivo - aktiv
attraverso - durch
audace - gewagten
aula, l' - Klassenzimmer, das
autobus, l' - Bus, der
autore, l' - Autor, der
autunno, l' - Herbst, der
avere - haben
avere paura - Angst haben
aveva - hatte
avventato contro - losgestürzt
avventura, l' - Abenteuer, die
avvisare - Bescheid sagen

avvolgere; impacchettare -
    einpacken
bacia - küsst
bagagliaio, il - Kofferraum, der
bagaglio, il - Gepäck, das
bambini, i - Kinder, die
bambino, il - Kind, das
bambola, la / bambolotto, il -
    Puppe, die
banchina della stazione degli
    autobus, la - Bussteig, der
bar, il - Café, das
barbaro, il - Barbar, der
basso - niedrig
beige - beige
bellezza, la - Schönheit, die
bellezze da vedere, le -
    Sehenswürdigkeiten, die
bello - schön
ben nutrito - gut gefüttert
bene - gut
bere - trinken
beve - trinkt
bevendo - trinkend
bianco - weiß
biasimare - kritisieren
Bibbia, la - Bibel, die
biblioteca, la - Bibliothek, die
biglietto, il - Ticket, das
bloc-notes, il - Notizbücher, die
bocca, la - Mund, der
bonus, i - Bonuszahlungen, die
borsa, la - Tasche, die
bosco, il - Wald, der
bottega, la; negozietto all'angolo,
    il - Laden an der Ecke, der
braccia, le - Arme, die
brevemente - kurz
brillante - leuchtend
brivido, il - Schauder, der
brucia - brennt

bruco, il - Raupe, die
bruscamente - schroff
buio - dunkel
buono - gut
buonsenso, il - gesunder
    Menschenverstand
busta da lettera, la - Briefkuvert,
    das; Briefumschlag, der
caducità, la - Vergänglichkeit, die
caffè, il - Kaffee, der
calmo - ruhig
cambiare, modificare - ändern
cameriere, il - Kellner, der
camion, i - Lastwägen, die
camminando, passeggiando -
    gehend, spazierend
campanello della porta, il -
    Türglocke, die
campioni, i - Proben, die
cancella - löscht
cane, il - Hund, der
cantando - singend
cantano - singen
capace - tüchtig
capelli, i - Haar, das
capi d'abbigliamento, i -
    Kleindungsstücke, die
capì; capito - verstand
capisce - versteht
capitale, la - Hauptstadt, die
capo, il - Chef, der
capolavoro, il - Meisterwerk, das
caramella, la - Bonbon, das
carica - lädt
caricare - einladen
caro - Lieber
cartoline, le - Postkarten, die
casa dello studente, la -
    Studentenwohnheim, das
casa, la - Haus, das; Zuhause, das
caso, il - Fall, der

cassa, la - Kasse, die
cassetto, il - Schublade, die
catena, la - Kette, die
cattedrale, la - Kathedrale, die
cattivo - böse
catturato - gefangen
catturi - fängt
cavarsela - zurechtkommen
cavo, il - Kabel, das
cellulare, il - Handy, das
cena, la - Abendessen, das
centimetri, i - Zentimeter, die
cento - hundert
centralino, il - Vermittlung, die
centro, il - Mitte, die; Zentrum,
    das
certo, naturalmente - natürlich
chattano - chatten
che - dass
che chiede - fordernde
che fa le fusa - schnurrend
che parla, parlante - sprechend
chi - wer
chiama - nennt
chiamano - rufen
chiamato - gerufen
chiamerebbe - nennen
chiaro; scorrevole - verständlich,
    leicht
chiede - bittet, fordert, fragt, fragt
    nach
chilogrammo, il; chilo, il -
    Kilogramm, das
chiude - schließt, verschließt
chiudono - sperren
ci riesce - hat Erfolg
ci, a noi - uns
ciao - hallo, tschüß
cibo, il - Essen, das
cinema, il - Kino, das
cinque - fünf

ciò nonostante - trotzdem
ciotola per bere, la - Trinkschale,
die
città natale, la - Heimatstadt, die
città, la - Stadt, die
classe, la - Klasse, die
cliente, il - Kunde, der
clinica odontoiatrica, la -
Zahnklinik, die
coccodrillo, il - Krokodil, das
coda, la - Schweif, der
colla, la - Kleber, der; Klebstoff,
der
collare, il - Halsband, das
college, il - College, das
colleghi, i - Kollegen, die
colorate - farbige
colpa, la - Schuld, die
colpevole - schuldig, schuld
come - wie
commessa, la - Verkäuferin, die
comoda - bequem
compagno di scuola, il -
Schulfreund, der
compito a casa, il - Hausaufgabe,
die
compito, il - Aufgabe, die
compleanno, il - Geburtstag, der
completamente - ganz
complicato - kompliziert
complimento, il - Kompliment,
das
compone - verfasst, wählt
compra - kauft
comprare - kaufen
comprato - gekauft
computer, il - Computer, der
comune, ordinaria - gewöhnlich
con - mit
con competenza - kompetent
con emozione - emotional

con entusiasmo - enthusiastisch
con gli occhi sgranati - mit großen
Augen
con successo - erfolgreich
conclude - sagt abschließend
concluso - ausgegangen
conducente, il - Fahrer, der
confermato - bestätigt
confessione, la; dichiarazione, la -
Geständnis, das
confezione, la - Packung, die
confusione, la - Verwirrung, die
confuso - verwechselt
connessione, la; linea, la -
Verbindung, die
conoscente, il - Bekannte, der
conosciuto, noto - bekannt
consigliare - empfehlen
contanti, i - Bargeld, das
contenta, felice - vergnügt
contento - erfreut, fröhlich
continua - spricht weiter
conto, il - Rechnung, die
contrasto, il - Kontrast, der
contro - gegen
controllare - überprüfen
conversazione, la - Gespräch, das
convince - überzeugt
convincente - überzeugend
coperchio, il - Deckel, der
copiare - kopieren
copiato - kopiert
coraggioso - mutig, tapfere
corda, la - Seil, das
corre - rennt
corretto - richtig
corriere, il - Zustelldienst, der
corrisponde - übereinstimmt
corrispondente - entsprechend
corrugamento della fronte, il -
Stirnrunzeln, das

corsa, la; correre, il - Laufen, das
cortese - freundlich
cortile, il - Hof, der
cosa - was
cosa, la - Ding, das
coscienzioso - gewissenhaft
così - so
costa - kostet
costoso, caro - teuer
costume da bagno, il - Badeanzug,
    der
credenze da cucina, le; armadi, gli
    - Schränke, die
crema, la - Creme, die
cresce - wächst
criceto, il - Hamster, der
cuccia, la - Hundehütte, die
cucina - kocht
cucina, la - Küche, die
culinario - kulinarisch
cuocendo al forno - backend
cuocere in forno - backen
cuoco, il; chef, lo - Koch, der
cuoio, il; pelle, la - Leder, das
cura - behandelt
curioso - neugierig
dà - gibt
da - von
da qualche parte - irgendwo
da, presso, a - bei, an
dal - seit
dar da mangiare - füttern
dato - gegeben
davanti - vor, vorbei
davvero - wirklich
decide - entscheidet
decimo - zehnte
deciso - beschloßen
decorazioni, le - Dekorationen,
    die
definitivamente - definitiv

degnano di uno sguardo -
    beachten
del cane - des Hundes
del lavoratore edile - des
    Bauarbeiters
del luogo - lokalen
del suo gatto - seines Katers
del tutto - komplett
delicatamente - leise
delizioso - köstlich
dente, il - Zahn, der
dentista, il - Zahnarzt, der
dettaglio, il - Detail, das
detto - gesagt, gesprochen
di - als
di Anna - Anns
di nascosto - heimlich
di nulla - gern geschehen
di otto anni - achtjährige
di prima classe, di prima
    categoria - erstklassig
di rado; raramente - selten
di Robert - Roberts
di, riguardo a, su - über
dice - sagt
dice infine - sagt abschließend
dieci - zehn
dietro - hinter
difetto, il - Defekt, der
difficili - schwierig
dimentica - vergisst
dimenticato - vergessen
dimenticò - vergaß
dio, il - Gott, der
dipendenti, i - Leute, die
dipingere - malen
direttamente - direkt, gerade
direttore - Geschäftsführer, der
direttore, il - Leiter, der
direzione, la - Richtung, die
disciplinato - diszipliniert

discutono - diskutieren
disperazione, la - Verzweiflung,
  die
disputa, la - Streit, der
distintamente, chiaramente -
  deutlich
dito, il - Finger, der
ditta, la; impresa, l' - Firma, die
divenne - wurde
diventa - wird
diverse - anders, verschiedene
divertente - lustig
dobbiamo - müssen
documenti, i; carte, le - Papiere,
  die; Unterlagen, die
dolcemente - sanft
dolci, i - Süßigkeiten, die
dollaro, il - Dollar, der
domandare - fragen
domande, le - Fragen, die
domani - morgen
domenica, la - Sonntag, der
donazioni, le - Spenden, die
donna, la - Frau, die
dopo - nach, später
dorme - schläft
dormendo - schlafend
dormire - schlafen
dormire senza interruzioni -
  durchschlafen
dove, in cui - wo
dovere - sollen
dovrebbe - sollte
dubitare - zweifeln
due - zwei
durante - während
è - ist
e - und
è così - das ist, so
è d'accordo - ist einverstanden

è in riparazione - wird gerade
  repariert
è un peccato - es ist schade
è visibile - wird sichtbar
ebraico, l' - Hebräisch, das
eccellente - großartiges
eccitati - aufgeregt
edificio, l' - Bau, der
edizione, l'; numero, il - Ausgabe,
  die
egli, lui - er
elettrico - elektrisch
elettronica, l' - Elektronik, die
elimina - beheben
email, la - E-Mail, die
entra, sta - passt
entrando - beitretend
entrare - betreten
era - war
errore, l' - Fehler, der
esame, l' - Prüfung, die
esamina - überprüft
esattamente - genau
escrementi, gli - Exkremente, die
esercizio, l' - Übung, die
esotico - exotisch
esperienza, l' - Erfahrung, die
esplosione, l' - Explosion, die
esposizione, l' - Ausstellung, die
espressione, l' - Ausdruck, der
essere - sein
essere fortunato - Glück haben
essere socchiuso - einen Spalt
  offen stehen
esso - es
esso è - es ist
estate, l' - Sommer, der
esteriore - äußere
eternità, la - Ewigkeit, die
evidente - offensichtlich
ex - früherer

fa - macht
fa - tut
fa cadere - lässt fallen
fa una visita, visita, va a trovare -
    besucht
faccende domestiche, le -
    Hausarbeit, die
facoltà, la ;istituto,l' - Institut, das
famiglia, la - Familie, die
famoso - berühmt
fan, i - Fans, die
fare - machen
fare domanda, candidarsi - sich
    bewerben
fare jogging - joggen
fare la guardia, badare a -
    aufpassen
fare le valigie - packen
fare male - weh tun
fare volentieri qualcosa - gerne
    etwas tun
fatica, la - Mühe, die
fatto - gemacht
fatto un complimento - ein
    Kompliment gemacht
fatto, il - Tatsache, die
fece - tat
felice - fröhlich
felici - glücklich
fermare - festnehmen
ferocemente - wild
ferro da stiro, il - Bügeleisen, das
festa, la - Feier, die
festosa - festlich
fiera - stolz
figlia, la - Tochter, die
figlio, il - Sohn, der
figure, le - Figuren, die
file, il - Datei, die
film d'azione, il - Actionfilm, der
film, il - Film, der

filo, il - Faden, der
fine settimana, il - Wochenende,
    das
fine, la - Ende, das
finestra, la ; finestrino, il -
    Fenster, das
fino - bis
fiori, i - Blumen, die
fioriscono - blühen
fissa - starrt
fiume, il - Fluss, der
foglio, il - Blatt, das
forbici, le - Schere, die
forchetta, la - Gabel, die
formaggio, il - Käse, der
forno, il - Backrohr, das
forse - vielleicht
forte - fest, stark
fortuna, la - Glück, das
forum, il - Forum, das
Forze Armate, le - Heer, das
fossi, saresti - wärst
foto, le - Fotos, die
frase, la - Satz, der
frasi, le - Sätze, die
fratello, il - Bruder, der
freddo - kalt
frequentare - besuchen
fretta, la - Eile, die
friggere; arrostire - braten
frigorifero, il - Kühlschrank, der
frutti, i; - Früchte, die
fumo, il - Rauch, der
fungo, il - Pilz, der
fuochi d'artificio, i; botti, i -
    Feuerwerke, die
fuori - draußen, heraus
furbo - verschmitzt
furfante, il - Schurke, der
furioso - wütend
gabbia, la - Käfig, der

galleria, la; tunnel, il - Tunnel, der
gambe, le; zampe, le - Beine, die
gatto, il - Kater, der
genitori, i - Eltern, die
Gerusalemme - Jerusalem
gettare via - wegwerfen
ghepardo, il - Gepard, der
già - schon
già qui - gleich hier
gialle - gelb
gigantesco - riesig
gioca - spielt
giocare - spielen
giocato - gespielt
giocattoli, i - Spielzeuge, die
gioco, il - Spiel, der
giornale, il; quotidiano, il -
    Zeitung, die
giornalismo, il - Journalismus, der
giorni, i - Tage, die
giorno, il - Tag, der
giovane - jung
giudice, il - Richter, der
giurisprudenza, la; diritto, il -
    Rechtswissenschaft, die
giustizia, la - Gerechtigkeit, die
giustiziere, il; boia, il -
    Scharfrichter, der
godersi - genießen
gomma, la - Gummi, der
grande - groß, großer
grasso - fett
Grecia - Griechenland, das
guadagnare - verdienen
guardare - sehen, schauen
guardiano, il - Wächter, der
guida - fährt
guinzaglio, il - Leine, die
gustoso, appetitoso - lecker
ha - hat
ha bisogno di - braucht

ho bisogno di - brauche
ho saputo, sapevo - wusste
hotel, l' - Hotel, das
i loro - ihr, ihre
ieri - gestern
il, lo; la - der, die, das
illuminarsi - aufleuchten
imbarazzo, l' - Verlegenheit, die
imbottitura, l' - Fütterung, die
imbrogliare - mogeln
immediatamente - sofort
imparato - gelernt
impaurita - verängstigte
impegnarsi molto - sich sehr
    bemühen
impiegato, l' - Angestellte, der
importante - wichtige
impresa di costruzioni, l' -
    Baufirma, die
impressionare - beeindrucken
impressionato - beeindruckt
impressioni, le - Eindrücke, die
improvvisamente, all'improvviso
    - plötzlich
in - in
in comune - gemeinsam
in modo strano - seltsam
in ogni caso - auf jeden Fall
in partenza - abfahrend
in silenzio - still
in un istante, subito - sofort
in, dentro - in
in, verso, da - in, nach, zu
inatteso, inaspettato - unerwartet
incantato - entzückt
incantevole - bezauberndes
incivile - unzivilisiert
inclinato - geneigt
incollare - kleben
incomprensibili - unverständlich
incontrare - treffen

incontrati - getroffen
incredibile - unglaublich
incrocio, l' - Kreuzung, die
indica - zeigt
indietro - zurück
indifferente - gleichgültig
indignazione, l' - empört
indirizzo, l' - Adresse, die
infilza - spießt
infine - schließlich
influenza, l' - Einfluss, der
inglese, l' - englisch
inizia - beginnt
iniziò - begann
inizio, l' - Anfang, der
inoltre - außerdem, zudem
inquieta - unruhig
insegna - unterrichtet
insieme - zusammen
insolenza, l' - Unverschämtheit,
    die
insolitamente - ungewöhnlich
intelligente - intelligent
intelligenza, l' - Intelligenz, die;
    Verstand, der
interessante - interessant
interessati - interessiert
interesse, l' - Interesse, das
interiorità, l' - Innere, das
internet - Internet, das
interno, interiore - innere
interrogare - abprüfen
interrompe - unterbricht
intorno - herum
invita - lädt ein
invitante - verlockend
io - ich
io sono - ich bin
io stesso - ich selbst
irrequieto - unruhig
là - dort

la verdura - Gemüse, das
laccio emostatico, il - Tourniquet,
    das
laptop, il - Laptop, der
lascerebbe - würde lassen
lascia - lässt
lasciare - lassen
lasciato - verlassen
lato, il - Seite, die
lava - wäscht
lavora - arbeitet
lavorare - arbeiten
lavoratori edili, i - Bauarbeiter,
    die
lavoro, il - Arbeit, die; Job, der
lega - bindet
legare - binden
legge - liest
leggi, le - Gesetze, die
legno, il - Holz, das
lei - sie
lei, a lei - sie, ihr
lentamente - langsam
lettera, la - Brief, der
letteratura, la - Literatur, die
letto per le bambole, il -
    Puppenbett, das
letto, il - Bett, das
lezione, la; scuola, la - Unterricht,
    der
lezioni, le - Vorlesungen, die
libri, i - Bücher, die
libro di testo, il - Arbeitsbuch, das
licenziamento, il - Entlassung, die
licenziare - entlassen, feuern
licenziato - gefeuert
lingua, la - Sprache, die
livello, il - Niveau, das
lodare - loben
lontani l'uno dall'altro -
    auseinander

lontano, distante - weit
loro stessi - sie selbst
loro, a loro - sie, ihnen
luglio - Juli, der
lui, lo; a lui, gli - ihn, ihm
lunatico - launisch
lunghezza, la - Länge, die
lunghi - lange
ma - aber
macchina, la; auto, l' - Auto, das
madre, la - Mutter, die
maggiore - höchste
maggiore, più grande - größte
magnifici - großartige
magnifico - hervorragend,
    großartig, toll
mai - jemals, nie
mal di denti, il - Zahnschmerzen,
    die
malato - krank
male - schlecht
mamma, la - Mama, die
mancare, essere privo di - fehlen
mandare - senden
mandibola, la - Kiefer, der
mangiando - essend
mangiare - essen
mangime, il; cibo, il - Futter, das
mani, le - Hände, die
mare, il - Meer, das
marito, il - Ehemann, der
Marte - Mars
martedì - Dienstag, der
maschere, le - Masken, die
materia d'insegnamento, la -
    Unterrichtsfach, das
mattino, il - Morgen, der
mazzo, il - Bund, der
medico - medizinisch
medico, il; dottore, il - Arzt, der
medievale - mittelalterlich

medio - mittlere
meditabondo - nachdenklich
meglio - besser
mela, la - Apfel, der
membri, i - Mitglieder, die
mente, la - Verstand, der
mentre - während
menù, il - Speisekarte, die
meraviglia - wundert
meraviglioso - wunderbar
mercato, il - Markt, der
mercoledì, il - Mittwoch, der
meritato - verdient
mese, il - Monat, der
messaggio, il - Nachricht, die
metallo, il - Metall, das
metri, i - Meter, die
metropolitana, la - U-Bahn, die
mettere - setzen, legen, stellen
mettersi comodo - es sich
    bequem machen
mezza - halbe
mezzi di trasporto, i -
    Verkehrsmittel, die
mezzogiorno, il - Mittag, der
mi scusi - Entschuldigen Sie
mia - meine
miagola - miaut
migliorare - aufhellen
migliore - besten
milioni, i - Millionen, die
minuti, i - Minuten, die
mocio, il - Mopp, der
moderno - modern
modo, il; maniera, la - Art, die
modulo, il - Formular, das
moglie, la - Ehefrau, die
molto - sehr; viel, viele, weit
momento, il - Moment, der
montagna, la - Berg, der
montato - installiert

mordere - beißen
morso - gebissen
mostra - zeigt
motivi, i - Umstände, die
motore, il - Motor, der
muovere - bewegen
museo, il - Museum, das
musica, la - Musik, die
Natale, il - Weihnachten, das
nazionale - national
negozio, il - Laden, der
nei dintorni, nelle vicinanze - in
    der Nachbarschaft
nel frattemmpo - inzwischen
neri - schwarz
nervoso - nervös
nessuno - niemand
nessuno, non - kein, nicht
nevica - schneit
niente - nichts
noi - wir
nome, il - Name, der
non - nicht
non comuni - ungewöhnliche
non corretto - unkorrigiert
non è - ist nicht
non era - war nicht
non fa - tut nicht
non faccio - tue nicht
non fece - machte nicht
non più - nicht mehr
non riesce - kann nicht
non si preoccupi - keine Sorge
non sono - sind nicht
nord, il - Norden, der
normalmente - normalerweise
nostri - unsere
nota - bemerkt
notte, la - Nacht, die
novità, le - Neuigkeiten, die
nuotare - schwimmen

nuovo - neu
o, oppure - oder
o... o - entweder ... oder
obbligatorio - verpflichtend
occhi, gli - Augen, die
occupati - beschäftigt
offrire, proporre - anbieten
oggetti, gli - Gegenstände, die
oggi - heute
ogni - jede, jeden
oh - oh
ok, va bene - in Ordnung
okay, d'accordo - in Ordnung
omelette, l' - Omelett, das
onestamente - ehrlich
Opel, l' - Opel, der
opinione, l' - Meinung, die
ore tre - drei Uhr
ore, le - Stunden, die
organizzazione, l' - Organisation,
    die
orgogliosa - stolz
orto, l'; giardino, il - Garten, der
ospedale, l' - Spital, das
ospite, l' - Gast, der
osserva - beobachtet, schaut an
otto - acht
pacchetto, il - Packung, die
pace, la - Friede, der
padre, il; papà, il - Vater, der
paesaggio, il - Landschaft, die
paese, il - Land, das
pagnotta, la; forma, la - Laib, der
palazzi, i - Gebäude, die
palla, la - Ball, der
pallido - bleich
panchina, la - Bank, die
pane, il - Brot, das
panieri, i; cesti, i - Körbe, die
papà, il - Vater, der; Papa, der
parco, il - Park, der

parente, il - Verwandte, der
parla - spricht
parla, dice - spricht
parlare - sprechen, reden
parola, la - Wort, das
parte - fährt ab, reist
particolarmente - besonders
passa - verbringt, vorbeikommt
passare - vergehen
passeggiata, la - Spaziergang, der
passerò - ich werde
    vorbeikommen
passione, la - Leidenschaft, die
paura, la - Angst, die
pausa, la - Pause, die
pavimento, il - Boden, der
pazientemente - geduldig
pellicola, la; carta da cucina, la -
    Folie, die
pende - hängt
pensa - denkt, glaubt
pensava - dachte
pensieri, i - Gedanken, die
per - für
per bene - richtig
per caso - zufällig
per lavoro - geschäftlich
perché - warum, weil
perdere - verlieren
perdersi - verlaufen
perdita, la - Verlust, der
perdonare - vergeben
perdonato - vergeben
perfetto - perfekt
pericoloso - gefährlich
periodo di prova, il - Probezeit,
    die
periodo, il - Zeitraum, der
però - jedoch
persino, perfino - sogar
persona, la - Person, die

pesante - schwer
pescare - fischen
pesce rosso, il - Goldfisch, der
pesce, il - Fisch, der
pessimo, cattivo - schlecht, arm
piacere, amare - gerne haben
piacere, il - Vergnügen, das
piangere - weinen
piatto, il; portata, la; ricetta,la -
    Gericht, das
picchia - klopft
piccolo - klein, kleines
picnic, il - Picknick, das
piede, il - Fuß, der
pieno - voll
pigro - faul
pila, la - Stapel, der
piscina, la - Schwimmbad, das
più - mehr
più antica - älteste
più avanti - weiter
più basso, verso il basso -
    niedriger, nach unten
più facile - einfacher
più famosi - berühmteste
più forte - am lautesten
più giovane, minore - jünger
più grasso - dicker
più importante, centrale - Haupt-
più interessante - interessanteste
più saggio in assoluto - weiseste
più severamente - strenger
più tardi - später
più vicino - nächsten
piuttosto - ziemlich
plastica, la - Plastik, das
poesia, la - Poesie, die
poesie, le - Gedichte, die
poi - dann
poliziotto - Polizist, der
pollo, il - Hähnchen, das

poltrona, la - Lehnstuhl, der
polvere, la - Staub, der
pomeriggio, il - Nachmittag, der
pomodoro, il - Tomate, die
porcellana, la - Porzellan, das
porta - bringt
porta - führt, trägt
porta, la - Tür, die
portare - tragen
portato - gebracht
porte, le - Türen, die
portone, il - Tor, das
possibile - möglich
possibilità, la - Möglichkeit, die
posto a sedere, il - Sitzplatz, der
posto di lavoro, il - Arbeitsplatz, der
posto, il - Ort, der
potere - können
potrebbe - könnte
pranzo - Mittagessen, das
preciso - genau
preferite - liebsten
pregare - beten
prego - bitte
prelibatezza, la - Delikatesse, die
preme, pigia - drückt
prende - nimmt
prendere - nehmen
prendere il sole, fare un bagno di sole - sonnenbaden
prenotazione, la - Reservierung, die
preoccupata - besorgt
preoccupazione, la - Sorge, die
preparo - zubereite
presa elettrica, la - Steckdose, die
prescritti - vorgeschriebenen
prese - nahm
presenta - stellt vor
preso, acciuffato - gefasst

presto - bald, früh
prezioso - wertvoll
prima - früher
prima che - bevor
primavera, la - Frühling, der
primo - ersten
probabilmente - wahrscheinlich
problema, il - Problem, das
professionista, il - Fachmann, der
professore, il - Lehrer, der; Professor, der
profilo, il - Profil, das
profondo - tief
profumo, il - Geruch, der
pronte - bereit
proprietari, i - Besitzer, die
proprietario, il - Besitzer, der
proprio - direkt, eigener
provano - beweisen
provare - probieren
prudenza, la - Vorsicht, die
pubblico - öffentlich
pulire - abwischen
pulito - sauber
pulizia, la - Sauberkeit, die
punta, la; cima, la - Spitze, die
punte dei piedi, le - Zehenspitzen, die
punto, il; posto, il - Stelle, die
quadro, il - Bild, das
qualche - einige
qualche volta - manchmal
qualcosa - irgendetwas
qualcosa, un po' - etwas
qualcuno - irgendjemand, jemandem
quale - welche
quando - wann
quaranta - vierzig
quarto - vierte
quasi - beinahe

quattro - vier
questa - diese
questi - diese
questione, la - Angelegenheit, die
qui, qua - hier
quindici - fünfzehn
quinto - fünfte
rabbia, la - Wut, die
raccoglie - sammelt
raccogliere - sammeln
raccomanda - empfiehlt
racconta - erzählt
raffigurate - gezeigt
ragazza, la - Mädchen, das
ragazzi, i - Jungs, die
ragazzo, il - Kerl, der; Junge, der
raggiunge - heranwächst
raggiungere, arrivare a -
    erreichen
ragione, la - Verstand, der
rallegrarsi - sich freuen
rami, i - Äste, die
ramo, il - Ast, der
randagio - streunender
raro - selten
re, il - König, der
reagire - reagieren
recentemente - vor kurzem
regala - schenkt
regalare - schenken
regali, i - Geschenke, die
regalo, il - Geschenk, das
respirando - atmend
resuscitare, rianimare -
    wiederbeleben
ricaricare - aufladen
ricetrasmittente, la - Funk, der
ricetta, la - Rezept, das
riceve - erhält
ricevere - bekommen
ricevuto - bekommen

riconosco - erkenne wieder
ricorda - erinnert
ricordare - erinnern
ricordi - erinnerst
ridendo - lachend
ridono - lachen
rimane - bleibt
rimanere, stare, restare - bleiben
rimangono - bleiben
ringhia - knurrt
ringhiare, il - Knurren, das
riparare - reparieren
ripete - wiederholt
rischio, il - Risiko, das
risolvere - lösen
risponde - antwortet
rispondere - antworten
ristorante, il - Restaurant, das
rivista, la - Zeitschriften, die
robusta, forte - stark
romantica - romantisch
rosso - rot
rovinano, distruggono - zerstören
rovinare - ruinieren
rubate - gestohlen
rubinetto, il - Wasserhahn, der
rumore, il - Lärm, der
rumoroso, chiassoso - laut
ruota per correre - Laufrad, das
sa - weiß
saggi, i - Essays, die
sala cinematografica, la -
    Kinosaal, der
salame, il; affettati, gli - Wurst, die
saldamente - fest
saliva - stieg
salotto, il -Wohnzimmer, das
salta - springt
saltare la fila - sich vordrängen
saluta - begrüßt
salvato - gerettet

salvatore, il - Retter, der
salve - hallo
sano - gesund
Santo, il - Heilige, der
sapendo - wissend
sapere, il - Wissen, das
sbagliati - falsch
scaccia - verjagt
scale, le - Stiegen, die
scambiare - austauschen
scarpe, le - Schuhe, die
sceglie - wählt
scena, la - Szene, die
schermo, lo - Bildschirm, der
scherzano - Spaß machen
scherzo, lo - Streich, der
schiantato - gekracht
sciamano, lo - Schamane, der
scompartimento, lo; comparto, il -
    Abteil, das
sconcertata, confusa - verwirrt
sconsideratamente - gedankenlos
scontento - unzufrieden
scoprire - erwischen
scrisse - schrieb
scritta, la - Aufschrift, die
scritte in caratteri piccoli, le -
    Kleingedruckte, das
scritto - written ['rɪtn̩] -
    geschrieben
scrittore, lo - Schriftsteller, der
scrive - schreibt
scrivere un post, postare - posten
scultura, la - Skulptur, die
scuola, la - Schule, die
scuote - schüttelt
scusarsi - sich entschuldigen
sdraiato - liegend
se - wenn
se stessa - sich
sebbene - obwohl

secchio, il - Eimer, der
secondo - zweite
sedia, la - Stuhl, der
segretario, il; segretaria, la -
    Sekretär/in, der/die
segue - folgt
seguente - folgendem
sei - sechs
sembra - es scheint
sembrare - erscheinen
semplice - einfach
semplicemente - einfach
sempre - immer
sensate - vernünftig
sente - fühlt
sente - hört
sente la mancanza di - vermisst
sentimenti, i - Gefühle, die
sentire - fühlen
sentono - hören
senza - ohne
senza fine - endlos
separato - getrennt
sera, la - Abend, der
serio - ernst
servizio di consegna, il -
    Zustelldienst, der
servizio taxi, il -
    Taxiunternehmen, das
settanta - siebzig
settimana, la - Woche, die
severo - streng
sfogliano - blättern
sfortunatamente -
    unglücklicherweise
sforzo, lo - Anstrengung, die
sgrida - schimpft
sguardi, gli - Blicke, die
sguardo, lo - Blick, der
sì - ja
si accorge, capisce - merkt

si arrampica - klettert
si avvicina a lui, gli si avvicina -
  kommt auf ihn zu
si avvicinano - kommen näher
si chiama - heißt
si comporta - verhält
si considera - hält sich
si curva - biegt
si è innamorata - verliebte sich
si fa il segno della croce -
  bekreuzigt
si inventa - erfindet
si lacera - reißt
si piega - biegt
si pulisce - putzt sich
si rifiuta - weigert
si rivolge a - spricht an
si siede - setzt sich
si spaventa - bekommt Angst
si sveglia - wacht auf
si; a se stesso - sich
sicuro - sicher
sigaretta, la - Zigarette, die
significa - bedeutet
significato, il - Bedeutung, die
signora, la - Dame, die
signore, il - Herr, der
silenzioso - leise
simbolo, il - Symbol, das
simile - ähnlich
situazione, la - Situation, die
smettere - aufhören
soddisfatto - zufrieden
soddisfatto, contento - zufriedene
sofà, il - Sofa, das
soffitto, il - Decke, die
sogna - träumt
sogno, il - Traum, der
soldi, i - Geld, das
sole, il - Sonne, die
solo - nur, gerade

solo, da solo - alleine
soluzione, la - Lösung, die
somma, la - Betrag, der
sono - bin, sind
soprannome, il - Spitzname, der
sorella, la - Schwester, die
sorellina, la - Schwester, die;
  Schwesterherz, das
sorpassa - überholt
sorprendere - überraschen
sorpreso - überrascht
sorregge - gibt Halt, hält fest
sorride - lächelt
sorvegliando - überwachend
sospira - seufzt
sotto - unter
sovrastano - hängen
spagnolo, lo - Spanisch
spalmare, ingrassare - einfetten
sparita - weg
Sparta - Sparta
spazzatura, la; immondizia, l' -
  Müll, der
specchio, lo - Spiegel, der
specialità, la - Spezialität, die
spegnere - ausschalten
spendere - ausgeben
spero - hoffe
spesso - oft
spiacevole, sgradevole -
  unerfreulich
spiega - erklärt
spiegazione, la - Erklärung, die
spina, la - Stecker, der
spingere - drücken
spirito, lo - Stimmung, die
splende - scheint
sporca - schmutzig
sporco; schizzato - bespritzt
sporgenti, che sporgono -
  hervorstehend

sposare - heiraten
sposati - verheiratet
sprecare - vergeuden
spruzza - bespritzt
spuntino, lo - Snack, der
squillare - läuten
sta - steht
sta chiamando - ruft gerade an
sta facendo visita - besucht gerade
sta sdraiato - liegt
sta seduto, siede - sitzt
stampa, la - Druck, der
stanca - müde
stanza, la - Zimmer, das
stato - gewesen
stazione degli autobus, la - Busbahnhof, der
steccato, lo; staccionata, la - Zaun, der
stesso - gleichen
stile, lo - Stil, der
stipendio, il - Gehalt, das
storia, la - Geschichte, die
storie, le - Geschichten, die
strada, la - Straße, die
strano - seltsam
strappò - zerriss
strisciare - kriechen
studente, lo; studentessa, la - Student/Studentin, der/die
studi, gli - Studien, die
studia - studiert
studiare - lernen
studio medico, lo - Arztpraxis, die
stupido - blöde, dumm
stupore, lo; meraviglia, la - Erstaunen, das
su, riguardo a - über
su; presso; da, verso, in - auf, bei, zu

succede - passiert
successo - passiert
succo, il - Saft, der
suggerimento, il - Hinweis, der
suggerisce - schlägt vor
suo - sein, ihr
suona - klingelt, klingt
superare - bewältigen
supermercato, il - Supermarkt, der
suppone - nimmt an
svenne - wurde ohnmächtig
sviene - wird ohnmächtig
tablet, il - Tablet, das
taglia, la; grandezza, la - Größe, die
tagliate - geschnittenes
tale - solch
talento, il - Talent, das
tappeto, il - Teppich, der
tardi - spät
targa, la - Kennzeichen, das
tata, la - Kindermädchen, das
tavolo, il; banco, il; scrivania, la - Tisch, der
taxi, il - Taxi, das
tè, il - Tee, der
telefona - ruft an
telefonare - anrufen
tema, il - Aufsatz, der; Thema, das
temperamento, il - Temperament, das
tempo libero, il - Freizeit, die
tempo, il (cronologico) - Zeit, die
tempo, il (metereologico) - Wetter, das
temporaneamente - vorübergehend
tendere, allungare - dehnen
tenere - halten

tenere sott'occhio - in den Augen
  behalten
tenta - versucht
tentare - versuchen
tentativo, il - Versuch, der
terribile - grauenvoll, schrecklich
terribilmente - fürchterlich
terzo - dritte
tesoro, il - Schatz, der
test, il - Test, der
testa, la - Kopf, der
testo, il; l'impostazione - Konzept,
  das
ti prendi cura di - kümmerst
ti riferisci, vuoi dire - meinst
tiene - behält, hält
timidamente - schüchtern,
  zögerlich
timido - schüchtern
tira - zieht
tirato violentemente; lanciato -
  geworfen
tono, suono - Ton, der
topi, i - Mäuse, die; Ratten, die
topo, il - Maus, die
torna - kommt zurück
torta, la - Torte, die
tradizioni, le - Traditionen, die
tradurre - übersetzen
traduzione, la - Übersetzung, die
tram, il - Straßenbahn, die
tranquillo - ruhig
trascorrono - verbringen
tre - drei
tredici - dreizehn
tremendamente - fürchterlich
treno, il - Zug, der
tribunale, il - Gericht, das
trionfa - siegt
triste - traurig
trovato - gefunden

troveremo - finden
tu sei; Lei è (forma cortese) - du
  bist, Sie sind
tu, Lei - du, Sie
tubetto, il - Tube, die
tulipani, i - Tulpen, die
tuo - dein
tuttavia - jedoch, trotzdem
tutti - alle, jeder
tutto - alles; ganz
tutto, intero - ganz
Twitter - Twitter
ubbidiente - gehorsam
uccelli, gli - Vögel, die
uccidere - töten
ufficio, l' - Büro, das
ultimamente - in letzter Zeit
umano - menschlich
umile - bescheiden
umore, l' - Stimmung, die
un anno fa - vor einem Jahr
un po' - ein wenig
un qualche; qualcosa - irgendein,
  etwas
un solo - einzigen
un, uno - ein
uniforme, l' - Uniform, die
univesità, l' - Universität, die
uomo, l' - Mann, der
uragano, l' - Hurrikan, der
urgentemente - dringend
urla - schreit
urlando - schreiend
urlare - schreien
usa - benutzt
uscire da un account - ausloggen
uscita, l' - Ausgang, der
usi, gli; costumi, i - Bräuche, die
utilizzando - verwendet
va - geht
va avanti - geht weiter

vacanza, la - Urlaub, der
vaccinazioni, le - Impfungen, die
valigia, la - Koffer, der
valigie, le - Koffer, die
vede - sieht
vedere - sehen
velocemente - schnell
velocità, la - Geschwindigkeit, die
vendere - verkaufen
vendetta, la - Rache, die
venditore, il - Verkäufer, der
venduti - verkauft
venerdì, il - Freitag, der
venire - kommen
venti - zwanzig
verità, la - Wahrheit, die
vero - wahr
verso - zu
verso il basso - nach unten
via - weg
via, la - Straße, die
vice, facente funzioni di - stellvertretender
vicino - in der Nähe
vicino - nahe
vicino di casa, il - Nachbar, der
viene fuori, esce - kommt aus
viene sentito - wird gehört
villaggio, il - Dorf, das
visita - besucht
viso, il; faccia, la - Gesicht, das
visto - gesehen
vita, la - Leben, das
vive - lebt
vivo - lebendig
voce, la - Stimme, die
vola - fliegt
volare, predere un aereo - fliegen
volere - wollen
volo, il - Flug, der
volta, gira - dreht
vorrei comprare - ich würde gerne kaufen
voti, i - Noten, die
vuole - will
zampa, la - Pfote, die
Zeus - Zeus
zia, la - Tante, die
zio, lo - Onkel, der
zuppa, la - Suppe, die

Wörterbuch Deutsch-Italienisch

Abend, der - sera, la
Abendessen, das - cena, la
Abenteuer, die - avventura, l'
aber - ma
abfahrend - in partenza
abprüfen - interrogare
Abteil, das - scompartimento, lo;
    comparto, il
abwischen - pulire
Account, der - account, l'
acht - otto
achtjährige - di otto anni
Actionfilm, der - film d'azione, il
Adresse, die - indirizzo, l'
ähnlich - simile
aktiv - attiva, attivo
alle - tutti
alle, jeder - tutti
alleine - solo, da solo
alles; ganz - tutto
als - di
alt - anziana
alte - antico
älterer - anziano
Alternative, die - alternativa, l'
älteste - più antica
am lautesten - più forte
anbieten - offrire, proporre
anderen - altro
ändern - cambiare, modificare
anders - diverse
Anfang, der - inizio, l'
Angelegenheit, die - questione, la
Angestellte, der - impiegato, l'
Angst haben - avere paura
Angst, die - paura, la
Ankunft, die - arrivo, l'
Anns - di Anna

anrufen - telefonare
Anstrengung, die - sforzo, lo
antworten - rispondere
antwortet - risponde
Apfel, der - mela, la
Aquarium, das - acquario, l'
Arbeit, die - lavoro, il
arbeiten - lavorare
arbeitet - lavora
Arbeitsbereich, der - ambito, l';
    settore il
Arbeitsbuch, das - libro di testo, il
Arbeitsplatz, der - posto di lavoro,
    il
Architekt, der - architetto, l'
Arme, die - braccia, le
Art, die - modo, il; maniera, la
Arzt, der - medico, il; dottore, il
Arztpraxis, die - studio medico, lo
asiatisch - asiatica
Ast, der - ramo, il
Äste, die - rami, i
atmend - respirando
attackiert - attacca
auch - anche
auf jeden Fall - in ogni caso
auf, bei, zu - su; presso; da, verso,
    in
Aufgabe, die - compito, il
aufgeregt - eccitati
aufhellen - migliorare
aufhören - smettere
aufladen - ricaricare
aufleuchten - illuminarsi
aufmerksam - attentamente
aufpassen - fare la guardia,
    badare a
Aufsatz, der; Thema, das - tema, il

Aufschrift, die - scritta, la
aufstehen - alzarsi
Aufzug, der - ascensore, l'
Augen, die - occhi, gli
Ausdruck, der - espressione, l'
auseinander - lontani l'uno
    dall'altro
Ausgabe, die - edizione, l';
    numero, il
Ausgang, der - uscita, l'
ausgeben - spendere
ausgegangen - concluso
ausloggen - uscire da un account
ausschalten - spegnere
außerdem - inoltre
äußere - esteriore
Ausstellung, die - esposizione, l'
austauschen - scambiare
Auto, das - macchina, la; auto, l'
Autor, der - autore, l'
backen - cuocere in forno
backend - cuocendo al forno
Backrohr, das - forno, il
Badeanzug, der - costume da
    bagno, il
bald - presto
Ball, der - palla, la
Bank, die - panchina, la
Barbar, der - barbaro, il
Bargeld, das - contanti, i
Bau, der - edificio, l'
Bauarbeiter, die - lavoratori edili,
    i
Baufirma, die - impresa di
    costruzioni, l'
Baum, der - albero, l'
beachten - degnano di uno
    sguardo
bedeutet - significa
Bedeutung, die - significato, il
beeindrucken - impressionare

beeindruckt - impressionato
befestigt - attacca
begann - iniziò
beginnt - inizia
begleitet - accompagna
begrüßt - saluta
behält - tiene
behandelt - cura
beheben - elimina
bei, an - da, presso, a
beige - beige
beinahe - quasi
Beine, die - gambe, le; zampe, le
beißen - mordere
beitretend - entrando
bekannt - conosciuto, noto
Bekannte, der - conoscente, il
bekommen - ricevere, ricevuto
bekommt Angst - si spaventa
bekreuzigt - si fa il segno della
    croce
bellen - abbaiare
bellend - abbaiando
bellt - abbaia
bellte - abbaiava
bemerkt - nota
benutzt - usa
beobachtet - osserva
bequem - comoda
bereit - pronte
Berg, der - montagna, la
berühmt - famoso
berühmteste - più famosi
beschäftigt - occupati
Bescheid sagen - avvisare
bescheiden - umile
beschloßen - deciso
Besitzer, der - proprietario, il
Besitzer, die - proprietari, i
besonders - particolarmente
besorgt - preoccupata

bespritzt - sporco; schizzato,
  spruzza
besser - meglio
bestätigt - confermato
besten - migliore
besuchen - frequentare
besucht - fa una visita, visita, va a
  trovare
besucht - visita
besucht gerade - sta facendo
  visita
beten - pregare
Betrag, der - somma, la
betreten - entrare
Bett, das - letto, il
bevor - prima che
bewältigen - superare
bewegen - muovere
beweisen - provano
bewundert - ammira
bezauberndes - incantevole
Bibel, die - Bibbia, la
Bibliothek, die - biblioteca, la
biegt - si curva, si piega
Bild, das - quadro, il
Bildschirm, der - schermo, lo
bin - sono
binden - legare
bindet - lega
bis - fino
bitte - prego
bittet - chiede
Blatt, das - foglio, il
blättern - sfogliano
bleiben - rimanere, stare, restare,
  rimangono
bleibt - rimane
bleich - pallido
Blick, der - sguardo, lo
Blicke, die - sguardi, gli
blöde - stupido

blühen - fioriscono
Blumen, die - fiori, i
Blumenbeet, das - aiuola, l'
Boden, der - pavimento, il
Bonbon, das - caramella, la
Bonuszahlungen, die - bonus, i
böse - cattivo
braten - friggere; arrostire
brauche - ho bisogno di
Bräuche, die - usi, gli; costumi, i
braucht - ha bisogno di
brennt - brucia
Brief, der - lettera, la
Briefkuvert, das; Briefumschlag,
  der - busta da lettera, la
bringt - porta
Brot, das - pane, il
Bruder, der - fratello, il
Bücher, die - libri, i
Bügeleisen, das - ferro da stiro, il
Bund, der - mazzo, il
Büro, das - ufficio, l'
Bus, der - autobus, l'
Busbahnhof, der - stazione degli
  autobus, la
Bussteig, der - banchina della
  stazione degli autobus, la
Café, das - caffè, il; bar, il
chatten - chattano
Chef, der - capo, il
College, das - college, il
Computer, der - computer, il
Creme, die - crema, la
dachte - pensava
Dame, die - signora, la
dann - poi
das ist, so - è così
dass - che
Datei, die - file, il
Decke, die - soffitto, il
Deckel, der - coperchio, il

Defekt, der - difetto, il
definitiv - definitivamente
dehnen - tendere, allungare
dein - tuo
Dekorationen, die - decorazioni,
    le
Delikatesse, die - prelibatezza, la
denkt - pensa
der, die, das - il, lo; la
des Bauarbeiters - del lavoratore
    edile
des Hundes - del cane
Detail, das - dettaglio, il
deutlich - distintamente,
    chiaramente
dicker - più grasso
Dienstag, der - martedì
diese - questa, questi
Ding, das - cosa, la
direkt - proprio
direkt, gerade - direttamente
diskutieren - discutono
diszipliniert - disciplinato
Dollar, der - dollaro, il
Dorf, das - villaggio, il
dort - là
draußen - fuori
dreht - volta, gira
drei - tre
drei Uhr - ore tre
dreizehn - tredici
dringend - urgentemente
dritte - terzo
Druck, der - stampa, la
drücken - spingere
drückt - preme, pigia
du bist, Sie sind - tu sei; Lei è
    (forma cortese)
du, Sie - tu, Lei
dumm - stupido
dunkel - buio

durch - attraverso
durchschlafen - dormire senza
    interruzioni
Ecke, die - angolo, l'
Ehefrau, die - moglie, la
Ehemann, der - marito, il
ehrlich - onestamente
eigener - proprio
Eile, die - fretta, la
Eimer, der - secchio, il
ein - un, uno
ein Kompliment gemacht - fatto
    un complimento
ein wenig - un po'
Eindrücke, die - impressioni, le
einem anderen - ad un altro
einen Spalt offen stehen - essere
    socchiuso
einfach - semplice, semplice-
    mente
einfacher - più facile
einfetten - spalmare, ingrassare
Einfluss, der - influenza, l'
einige - alcuni, qualche
Einkäufe, die - acquisti, gli
einladen - caricare
einpacken - avvolgere; impac-
    chettare
einschlafen - addormentasi
einstellen - assumere
einzigen - un solo
elektrisch - elettrico
Elektronik, die - elettronica, l'
Eltern, die - genitori, i
E-Mail, die - email, la
emotional - con emozione
empfehlen - consigliare
empfiehlt - raccomanda
empört - indignazione, l'
Ende, das - fine, la
endlos - senza fine

englisch - inglese, l'
enthusiastisch - con entusiasmo
entlassen, feuern - licenziare
Entlassung, die - licenziamento, il
entscheidet - decide
Entschuldigen Sie - mi scusi
entsprechend - corrispondente
entweder ... oder - o... o
entzückt - incantato
er - egli, lui
Erfahrung, die - esperienza, l'
erfindet - si inventa
erfolgreich - con successo
erfreut - contento
erhält - riceve
erinnern - ricordare
erinnerst - ricordi
erinnert - ricorda
erkenne wieder - riconosco
erklärt - spiega
Erklärung, die - spiegazione, la
ernst - serio
erreichen - raggiungere, arrivare
    a
errötet - arrossisce
erscheinen - sembrare
Erscheinung, die - apparenza, l'
Erstaunen, das - stupore, lo;
    meraviglia, la
ersten - primo
erstklassig - di prima classe, di
    prima categoria
erwartet - aspettati
erwischen - scoprire
erzählt - racconta
es - esso
es ist - esso è
es ist schade - è un peccato
es scheint - sembra
es sich bequem machen - mettersi
    comodo

es tut ihr leid - a lei dispiace, le
    dispiace
Essays, die - saggi, i
essen - mangiare
Essen, das - cibo, il
essend - mangiando
etwas - qualcosa, un po'
Ewigkeit, die - eternità, la
Exkremente, die - escrementi, gli
exotisch - esotico
Explosion, die - esplosione, l'
Fachmann, der - professionista, il
Faden, der - filo, il
Fahrer, der - conducente, il
fährt - guida
fährt ab - parte
Fall, der - caso, il
falsch - sbagliati
Familie, die - famiglia, la
fängt - catturi
Fans, die - fan, i
farbige - colorate
faul - pigro
fehlen - mancare, essere privo di
Fehler, der - errore, l'
Feier, die - festa, la
Fenster, das - finestra, la ;
    finestrino, il
fest - forte, saldamente
festlich - festosa
festnehmen - fermare
fett - grasso
Feuerwerke, die - fuochi
    d'artificio, i; botti, i
Figuren, die - figure, le
Film, der - film, il
finden - troveremo
Finger, der - dito, il
Firma, die - ditta, la; impresa, l'
Fisch, der - pesce, il
fischen - pescare

fliegen - volare, predere un aereo
fliegt - vola
Flug, der - volo, il
Flugzeug, das - aereo, l'
Fluss, der - fiume, il
folgendem - seguente
folgt - segue
Folie, die - pellicola, la; carta da
    cucina, la
fordernde - che chiede
fordert - chiede
Formular, das - modulo, il
Forum, das - forum, il
Fotos, die - foto, le
fragen - domandare
Fragen, die - domande, le
fragt - chiede
fragt nach - chiede
Frau, die - donna, la
Freitag, der - venerdì, il
Freizeit, die - tempo libero, il
Freund, der - amico, l'
Freunde, die - amici, gli
freundlich - cortese
Friede, der - pace, la
fröhlich - allegro, felice, allegra,
    contento
Früchte, die - frutti, i;
früh - presto
früher - prima
früherer - ex
Frühling, der - primavera, la
fühlen - sentire
fühlt - sente
führt - porta
fünf - cinque
fünfte - quinto
fünfzehn - quindici
Funk, der - ricetrasmittente, la
für - per

fürchterlich - tremendamente,
    terribilmente
Fuß, der - piede, il
Futter, das - mangime, il; cibo, il
füttern - dar da mangiare
Fütterung, die - imbottitura, l'
Gabel, die - forchetta, la
ganz - tutto, intero,
    completamente
Garten, der - orto, l'; giardino, il
Gast, der - ospite, l'
Gebäude, die - palazzi, i
gebe zu - ammetto
gebissen - morso
gebracht - portato
Geburtstag, der - compleanno, il
Gedanken, die - pensieri, i
gedankenlos - sconsideratamente
Gedichte, die - poesie, le
geduldig - pazientemente
geeignet - adatto
gefährlich - pericoloso
gefangen - catturato
gefasst - preso, acciuffato
gefeuert - licenziato
Gefühle, die - sentimenti, i
gefunden - trovato
gegeben - dato
gegen - contro
Gegenstände, die - oggetti, gli
Gehalt, das - stipendio, il
gehen - andare
gehend, spazierend - cammi-
    nando, passeggiando
gehorsam - ubbidiente
gehört - appartiene
geht - va
geht weiter - va avanti
gekauft - comprato
gekracht - schiantato
gelb - gialle

Geld, das - soldi, i
gelernt - imparato
gemacht - fatto
gemeinsam - in comune
Gemüse, das - la verdura
genau - attentamente
genau - esattamente, preciso
genau, sorgfältig - accuratamente
geneigt - inclinato
genießen - godersi
genug - abbastanza
Gepäck, das - bagaglio, il
Gepard, der - ghepardo, il
Gerechtigkeit, die - giustizia, la
gerettet - salvato
Gericht, das - piatto, il; portata, la;
    ricetta,la; tribunale, il
gern geschehen - di nulla
gerne etwas tun - fare volentieri
    qualcosa
gerne haben - piacere, amare
Geruch, der - profumo, il
gerufen - chiamato
gesagt - detto
geschäftlich - per lavoro
Geschäftsführer, der - direttore
Geschenk, das - regalo, il
Geschenke, die - regali, i
Geschichte, die - storia, la
Geschichten, die - storie, le
geschnittenes - tagliate
geschrieben - scritto
Geschwindigkeit, die - velocità, la
gesehen - visto
Gesetze, die - leggi, le
Gesicht, das - viso, il; faccia, la
gespielt - giocato
Gespräch, das - conversazione, la
gesprochen - detto
Geständnis, das - confessione, la;
    dichiarazione, la

gestern - ieri
gestohlen - rubate
gesund - sano
gesunder Menschenverstand -
    buonsenso, il
getrennt - separato
getroffen - incontrati
gewagten - audace
gewesen - stato
gewissenhaft - coscienzioso
gewöhnlich - comune, ordinaria
geworfen - tirato violentemente;
    lanciato
gezeigt - raffigurate
gibt - dà
gibt Halt, hält fest - sorregge
ging - andò
glaubt - pensa
gleich hier - già qui
gleichen - stesso
gleichgültig - indifferente
Glück haben - essere fortunato
Glück, das - fortuna, la
glücklich - felici, allegro
Goldfisch, der - pesce rosso, il
Gott, der - dio, il
grauenvoll - terribile
Griechenland, das - Grecia
groß - grande
großartige - magnifici
großartiges - eccellente
Größe, die - taglia, la; grandezza,
    la
großer - grande
größte - maggiore, più grande
Gummi, der - gomma, la
gut - bene, buono
gut gefüttert - ben nutrito
Haar, das - capelli, i
haben - avere
Hähnchen, das - pollo, il

halbe - mezza
hallo - salve, ciao
Halsband, das - collare, il
hält - tiene
hält sich - si considera
halten - tenere
Hamster, der - criceto, il
Hände, die - mani, le
Handtuch, das - asciugamano, l'
Handy, das - cellulare, il
hängen - sovrastano
hängt - pende
hat - ha
hat Erfolg - ci riesce
hatte - aveva
Haupt- - più importante, centrale
Hauptstadt, die - capitale, la
Haus, das - casa, la
Hausarbeit, die - faccende domestiche, le
Hausaufgabe, die - compito a casa, il
Haushalt, der - casa, la; famiglia, la
Haustier, das - animale domestico, l'
Haustiere, die - animali domestici, gli
Hebräisch, das - ebraico, l'
Heer, das - Forze Armate, le
Heilige, der - Santo, il
Heimatstadt, die - città natale, la
heimlich - di nascosto
heiraten - sposare
heißt - si chiama
helfen - aiutare
heranwächst - raggiunge
heraus - fuori
Herbst, der - autunno, l'
Herr, der - signore, il
herum - intorno

hervorragend, großartig - magnifico
hervorstehend - sporgenti, che sporgono
heute - oggi
hier - qui, qua
hilft - aiuta
hinter - dietro
Hinweis, der - suggerimento, il
hoch - alta
höchste - maggiore
Hof, der - cortile, il
hoffe - spero
Holz, das - legno, il
hören - sentono
hört - sente
hört zu - ascolta
Hotel, das - hotel, l'
Hund, der - cane, il
Hundehütte, die - cuccia, la
hundert - cento
Hurrikan, der - uragano, l'
ich - io
ich bin - io sono
ich selbst - io stesso
ich werde vorbeikommen - passerò
ich würde gerne kaufen - vorrei comprare
ihn, ihm - lui, lo; a lui, gli
ihr, ihre - i loro
immer - sempre
immer noch - ancora
Impfungen, die - vaccinazioni, le
in - in, dentro
in den Augen behalten - tenere sott'occhio
in der Nachbarschaft - nei dintorni, nelle vicinanze
in der Nähe - vicino
in letzter Zeit - ultimamente

in Ordnung - ok, va bene, okay,
  d'accordo
in, nach, zu - in, verso, da
innere - interno, interiore
Innere, das - interiorità, l'
installiert - montato
Institut, das - facoltà, la ;istituto,l'
intelligent - intelligente
Intelligenz, die - intelligenza, l'
interessant - interessante
interessanteste - più interessante
Interesse, das - interesse, l'
interessiert - interessati
Internet, das - internet
inzwischen - nel frattemmpo
irgendein, etwas - un qualche;
  qualcosa
irgendetwas - qualcosa
irgendjemand - qualcuno
irgendwo - da qualche parte
ist - è
ist einverstanden - è d'accordo
ist nicht - non è
ja - sì
Jahr, das - anno, l'
Jahre, die - anni, gli
jede - ogni
jeden - ogni
jedoch - però, tuttavia
jemals - mai
jemandem - qualcuno
Jerusalem - Gerusalemme
jetzt - adesso
Job, der - lavoro, il
joggen - fare jogging
Journalismus, der - giornalismo, il
Juli, der - luglio
jung - giovane
Junge, der - ragazzo, il
jünger - più giovane, minore
Jungs, die - ragazzi, i

Kabel, das - cavo, il
Kaffee, der - caffè, il
Käfig, der - gabbia, la
kalt - freddo
kann nicht - non riesce
Käse, der - formaggio, il
Kasse, die - cassa, la
Kater, der - gatto, il
Kathedrale, die - cattedrale, la
kaufen - comprare
kauft - compra
kein, nicht - nessuno, non
keine Sorge - non si preoccupi
Kellner, der - cameriere, il
Kennzeichen, das - targa, la
Kerl, der; Junge, der - ragazzo, il
Kette, die - catena, la
Kiefer, der - mandibola, la
Kilogramm, das - chilogrammo, il;
  chilo, il
Kind, das - bambino, il
Kinder, die - bambini, i
Kindergarten, der - asilo, l'
Kindermädchen, das - tata, la
Kino, das - cinema, il
Kinosaal, der - sala
  cinematografica, la
klar - chiaro
Klasse, die - classe, la
Klassenzimmer, das - aula, l'
kleben - incollare
Kleber, der; Klebstoff, der - colla,
  la
klein - piccolo
Kleindungsstücke, die - capi
  d'abbigliamento, i
kleines - piccolo
Kleingedruckte, das - scritte in
  caratteri piccoli, le
klettert - si arrampica
klingelt - suona

klingt - suona
klopft - picchia
Knurren, das - ringhiare, il
knurrt - ringhia
Koch, der - cuoco, il; chef, lo
kocht - cucina
Koffer, der - valigia, la; valigie, le
Kofferraum, der - bagagliaio, il
Kollegen, die - colleghi, i
kommen - venire
kommen an - arrivano
kommen näher - si avvicinano
kommt - arriva, viene
kommt auf ihn zu - si avvicina a
    lui, gli si avvicina
kommt aus - viene fuori, esce
kommt zurück - torna
kompetent - con competenza
komplett - del tutto
Kompliment, das - complimento,
    il
kompliziert - complicato
König, der - re, il
können - potere
könnte - potrebbe
Kontrast, der - contrasto, il
Konzept, das - testo, il;
    l'impostazione
Kopf, der - testa, la
kopieren - copiare
kopiert - copiato
Körbe, die - panieri, i; cesti, i
kostet - costa
köstlich - delizioso
krank - malato
Kreuzung, die - incrocio, l'
kriechen - strisciare
kritisieren - biasimare
Krokodil, das - coccodrillo, il
Küche, die - cucina, la
Kühlschrank, der - frigorifero, il

kulinarisch - culinario
kümmerst - ti prendi cura di
Kunde, der - cliente, il
Kunst, die - arte, l'
Künstler, der - artista, l'
kurz - brevemente
küsst - bacia
lächelt - sorride
lachen - ridono
lachend - ridendo
Laden an der Ecke, der - bottega,
    la; negozietto all'angolo, il
Laden, der - negozio, il
lädt - carica
lädt ein - invita
Laib, der - pagnotta, la; forma, la
Land, das - paese, il
Landschaft, die - paesaggio, il
lange - lunghi
Länge, die - lunghezza, la
langsam - lentamente
Laptop, der - laptop, il
Lärm, der - rumore, il
lassen - lasciare
lässt - lascia
lässt fallen - fa cadere
Lastwägen, die - camion, i
Laufen, das - corsa, la; correre, il
Laufrad, das - ruota per correre
launisch - lunatico
laut - rumoroso, chiassoso
läuten - squillare
Leben, das - vita, la
lebendig - vivo
lebt - vive
lecker - gustoso, appetitoso
Leder, das - cuoio, il; pelle, la
legt auf - attacca; riattacca (il
    telefono)
Lehnstuhl, der - poltrona, la
Lehrer, der - professore, il

Leidenschaft, die - passione, la
Leine, die - guinzaglio, il
leise - delicatamente, silenzioso
Leiter, der - direttore, il
lernen - studiare
leuchtend - brillante
Leute, die - dipendenti, i
lieben - amare
Lieber - caro
liebsten - preferite
liebt - ama
liebt, hat gerne - ama
liegend - sdraiato
liegt - sta sdraiato
liest - legge
Literatur, die - letteratura, la
loben - lodare
lokalen - del luogo
löscht - cancella
lösen - risolvere
losgestürzt - avventato contro
Lösung, die - soluzione, la
lustig - divertente
machen - fare
macht - fa
macht sich auf - accingersi,
  avviarsi
machte nicht - non fece
Mädchen, das - ragazza, la
malen - dipingere
Mama, die - mamma, la
manchmal - qualche volta
Mann, der - uomo, l'
Markt, der - mercato, il
Mars - Marte
Masken, die - maschere, le
Maus, die - topo, il
Mäuse, die - topi, i
medizinisch - medico
Meer, das - mare, il
mehr - più

meine - mia
meinst - ti riferisci, vuoi dire
Meinung, die - opinione, l'
Meisterwerk, das - capolavoro, il
menschlich - umano
merkt - si accorge, capisce
Metall, das - metallo, il
Meter, die - metri, i
miaut - miagola
Millionen, die - milioni, i
Minuten, die - minuti, i
mir, mich - a me, me
mit - con
mit dem Hund Gassi gehen -
  andare a passeggio con il cane
mit großen Augen - con gli occhi
  sgranati
Mitglieder, die - membri, i
Mittag, der - mezzogiorno, il
Mittagessen, das - pranzo
Mitte, die - centro, il
mittelalterlich - medievale
mittlere - medio
Mittwoch, der - mercoledì, il
modern - moderno
mogeln - imbrogliare
möglich - possibile
Möglichkeit, die - possibilità, la
Moment, der - momento, il
Monat, der - mese, il
Mopp, der - mocio, il
morgen - domani
Morgen, der - mattino, il
Motor, der - motore, il
müde - stanca
Mühe, die - fatica, la
Müll, der - spazzatura, la;
  immondizia, l'
Mund, der - bocca, la
Museum, das - museo, il
Musik, die - musica, la

müssen - dobbiamo
mutig - coraggioso
Mutter, die - madre, la
nach - dopo
nach unten - verso il basso
Nachbar, der - vicino di casa, il
nachdenklich - meditabondo
Nachmittag, der - pomeriggio, il
Nachricht, die - messaggio, il
nächsten - più vicino
Nacht, die - notte, la
nahe - vicino
nahm - prese
Name, der - nome, il
national - nazionale
natürlich - certo, naturalmente
neben - accanto
nehmen - prendere
nennen - chiamerebbe
nennt - chiama
nervös - nervoso
nett - amabile, gentile
neu - nuovo
neugierig - curioso
Neuigkeiten, die - novità, le
nicht - non
nicht mehr - non più
nichts - niente
nickt - annuisce
nie - mai
niedrig - basso
niedriger, nach unten - più basso,
    verso il basso
niemand - nessuno
nimmt - prende
nimmt an - suppone
Niveau, das - livello, il
noch einmal - ancora
Norden, der - nord, il
normalerweise - normalmente
Noten, die - voti, i

notes, il - Notizbücher, die - bloc
Notiz, die - appunto, l'
nur, gerade - solo
obwohl - sebbene
oder - o, oppure
offensichtlich - evidente
öffentlich - pubblico
öffnen - aprire
oft - spesso
oh - oh
ohne - senza
Omelett, das - omelette, l'
Onkel, der - zio, lo
Opel, der - Opel, l'
Organisation, die -
    organizzazione, l'
Ort, der - posto, il
Paarung, die - accoppiamento, l'
packen - fare le valigie
Packung, die - confezione, la;
    pacchetto, il
Papiere, die; Unterlagen, die -
    documenti, i; carte, le
Paragrafen, die - articoli (di
    legge), gli
Park, der - parco, il
passiert - successo, succede
passt - entra, sta
Pause, die - pausa, la
perfekt - perfetto
Person, die - persona, la
Pfote, die - zampa, la
Picknick, das - picnic, il
Pilz, der - fungo, il
Plastik, das - plastica, la
plötzlich - improvvisamente,
    all'improvviso
Poesie, die - poesia, la
Polizist, der - poliziotto
Porzellan, das - porcellana, la
posten - scrivere un post, postare

Postkarten, die - cartoline, le
Proben, die - campioni, i
Probezeit, die - periodo di prova,
    il
probieren - provare
Problem, das - problema, il
Professor, der - professore, il
Profil, das - profilo, il
Prüfung, die - esame, l'
Puppe, die - bambola, la /
    bambolotto, il
Puppenbett, das - letto per le
    bambole, il
putzt sich - si pulisce
Rache, die - vendetta, la
Ratten, die - topi, i
Rauch, der - fumo, il
Raupe, die - bruco, il
reagieren - reagire
Rechnung, die - conto, il
Rechtswissenschaft, die -
    giurisprudenza, la; diritto, il
reißt - si lacera
reist - parte
rennt - corre
reparieren - riparare
Reservierung, die - prenotazione,
    la
Restaurant, das - ristorante, il
Retter, der - salvatore, il
Rezept, das - ricetta, la
Richter, der - giudice, il
richtig - corretto, per bene
Richtung, die - direzione, la
riesig - gigantesco
Risiko, das - rischio, il
Roberts - di Robert
romantisch - romantica
rot - rosso
rufen - chiamano
ruft an - telefona

ruft gerade an - sta chiamando
ruhig - calmo, tranquillo
ruinieren - rovinare
Saft, der - succo, il
sagt - dice
sagt abschließend - conclude, dice
    infine
sammeln - raccogliere
sammelt - raccoglie
sanft - dolcemente
Satz, der - frase, la
Sätze, die - frasi, le
sauber - pulito
Sauberkeit, die - pulizia, la
Schamane, der - sciamano, lo
Scharfrichter, der - giustiziere, il;
    boia, il
Schatz, der - tesoro, il
Schauder, der - brivido, il
schaut an - osserva
scheint - splende
schenken - regalare
schenkt - regala
Schere, die - forbici, le
schimpft - sgrida
schlafen - dormire
schlafend - dormendo
schläfrig - assonnato
schläft - dorme
schlägt vor - suggerisce
schlecht - male
schlecht, arm - pessimo, cattivo
schließlich - alla fine, infine
schließt - chiude
schmeicheln - adulare
schmutzig - sporca
schneit - nevica
schnell - velocemente
schnurrend - che fa le fusa
schön - bello
schon - già

Schönheit, die - bellezza, la
Schränke, die - credenze da
    cucina, le; armadi, gli
schrecklich - terribile
schreibt - scrive
schreien - urlare
schreiend - urlando
schreit - urla
schrieb - scrisse
Schriftsteller, der - scrittore, lo
schroff - bruscamente
Schublade, die - cassetto, il
schüchtern - timidamente, timido
Schuhe, die - scarpe, le
Schuld, die - colpa, la
schuldig, schuld - colpevole
Schule, die - scuola, la
Schulfreund, der - compagno di
    scuola, il
Schurke, der - furfante, il
schüttelt - scuote
schwarz - neri
Schweif, der - coda, la
schwer - pesante
Schwester, die - sorella, la;
    sorellina, la
schwierig - difficili
Schwimmbad, das - piscina, la
schwimmen - nuotare
sechs - sei
Seele, die - anima, l'
sehen - vedere
sehen, schauen - guardare
Sehenswürdigkeiten, die -
    bellezze da vedere, le
sehr; viel, viele - molto
Seil, das - corda, la
sein - essere, suo
sein, ihr - suo
seines Katers - del suo gatto
seit - dal

Seite, die - lato, il
Sekretär/in, der/die - segretario,
    il; segretaria, la
selten - di rado; raramente, raro
seltsam - in modo strano, strano
senden - mandare
setzen, legen, stellen - mettere
setzt sich - si siede
seufzt - sospira
sich - si; a se stesso, se stessa
sich bewerben - fare domanda,
    candidarsi
sich entschuldigen - scusarsi
sich freuen - rallegrarsi
sich sehr bemühen - impegnarsi
    molto
sich vordrängen - saltare la fila
sicher - sicuro
sie - lei, loro
sie selbst - loro stessi
sie, ihnen - loro, a loro
sie, ihr - lei, a lei
siebzig - settanta
siegt - trionfa
sieht - vede
sind - sono
sind nicht - non sono
singen - cantano
singend - cantando
Situation, die - situazione, la
Sitzplatz, der - posto a sedere, il
sitzt - sta seduto, siede
Skulptur, die - scultura, la
Snack, der - spuntino, lo
so - così
Sofa, das - sofà, il
sofort - in un istante, subito,
    immediatamente
sogar - persino, perfino
Sohn, der - figlio, il
solch - tale

sollen - dovere
sollte - dovrebbe
Sommer, der - estate, l'
Sonne, die - sole, il
sonnenbaden - prendere il sole,
    fare un bagno di sole
Sonntag, der - domenica, la
Sorge, die - preoccupazione, la
Spanisch - spagnolo, lo
Sparta - Sparta
Spaß machen - scherzano
spät - tardi
später - dopo, più tardi
Spaziergang, der - passeggiata, la
Speisekarte, die - menù, il
Spenden, die - donazioni, le
sperren - chiudono
Spezialität, die - specialità, la
Spiegel, der - specchio, lo
Spiel, der - gioco, il
spielen - giocare
spielt - gioca
Spielzeuge, die - giocattoli, i
spießt - infilza
Spital, das - ospedale, l'
Spitze, die - punta, la; cima, la
Spitzname, der - soprannome, il
Sprache, die - lingua, la
sprechen - parlare
sprechen, reden - parlare
sprechend - che parla, parlante
spricht - parla, dice
spricht an - si rivolge a
spricht weiter - continua
springt - salta
Stadt, die - città, la
Stapel, der - pila, la
stark - robusta, forte
starrt - fissa
statt - al posto di
Staub, der - polvere, la

Steckdose, die - presa elettrica, la
Stecker, der - spina, la
steht - sta
Stelle, die - punto, il; posto, il
stellt vor - presenta
stellvertretender - vice, facente
    funzioni di
stieg - saliva
Stiegen, die - scale, le
Stil, der - stile, lo
still - in silenzio
Stimme, die - voce, la
Stimmung, die - spirito, lo; umore,
    l'
Stirnrunzeln, das - corrugamento
    della fronte, il
stolz - orgogliosa, fiera
Straße, die - via, la; strada, la
Straßenbahn, die - tram, il
Streich, der - scherzo, lo
streichelt - accarezzando
Streit, der - disputa, la
streng - severo
strenger - più severamente
streunender - randagio
Student/Studentin, der/die -
    studente, lo; studentessa, la
Studentenwohnheim, das - casa
    dello studente, la
Studien, die - studi, gli
studiert - studia
Stuhl, der - sedia, la
Stunden, die - ore, le
Supermarkt, der - supermercato,
    il
Suppe, die - zuppa, la
Süßigkeiten, die - dolci, i
Symbol, das - simbolo, il
Szene, die - scena, la
Tablet, das - tablet, il
Tag, der - giorno, il

Tage, die - giorni, i
Tagesanbruch, der - alba, l'
Talent, das - talento, il
Tante, die - zia, la
tapfere - coraggioso
Tasche, die - borsa, la
tat - fece
Tatsache, die - fatto, il
Taxi, das - taxi, il
Taxiunternehmen, das - servizio taxi, il
Tee, der - tè, il
Teller, der - piatto, il
Temperament, das - temperamento, il
Teppich, der - tappeto, il
Test, der - test, il
teuer - costoso, caro
Text, der - testo, il
Ticket, das - biglietto, il
tief - profondo
Tier, das - animale, l'
Tisch, der - tavolo, il; banco, il; scrivania, la
Tochter, die - figlia, la
toll - magnifico
Tomate, die - pomodoro, il
Ton, der - tono, suono
Tor, das - portone, il
Torte, die - torta, la
töten - uccidere
Tourniquet, das - laccio emostatico, il
Traditionen, die - tradizioni, le
tragen - portare
trägt - porta
trainiert - allenato
Traum, der - sogno, il
träumt - sogna
traurig - triste
treffen - incontrare

trinken - bere
trinkend - bevendo
Trinkschale, die - ciotola per bere, la
trinkt - beve
trotzdem - tuttavia, ciò nonostante
tschüß - ciao
Tube, die - tubetto, il
tüchtig - capace
tue nicht - non faccio
Tulpen, die - tulipani, i
Tunnel, der - galleria, la; tunnel, il
Tür, die - porta, la
Türen, die - porte, le
Türglocke, die - campanello della porta, il
tut - fa
tut nicht - non fa
Twitter - Twitter
U-Bahn, die - metropolitana, la
über - di, riguardo a, su
übereinstimmt - corrisponde
überholt - sorpassa
überprüfen - controllare
überprüft - esamina
überraschen - sorprendere
überrascht - sorpreso
Überschwemmung, die - allagamento, l'
übersetzen - tradurre
Übersetzung, die - traduzione, la
überwachend - sorvegliando
überzeugend - convincente
überzeugt - convince
Übung, die - esercizio, l'
umarmt - abbraccia
Umgebung, die - ambiente, l'
Umstände, die - motivi, i
und - e

unerfreulich - spiacevole,
    sgradevole
unerwartet - inatteso, inaspettato
ungewöhnlich - insolitamente
ungewöhnliche - non comuni
unglaublich - incredibile
unglücklicherweise -
    sfortunatamente
Uniform, die - uniforme, l'
Universität, die - univesità, l'
unkorrigiert - non corretto
unruhig - inquieta, irrequieto
uns - ci, a noi
unsere - nostri
unter - sotto
unterbricht - interrompe
Unterricht, der - lezione, la;
    scuola, la
unterrichtet - insegna
Unterrichtsfach, das - materia
    d'insegnamento, la
unterste - più basso
Unverschämtheit, die - insolenza,
    l'
unverständlich - incomprensibili
unzivilisiert - incivile
unzufrieden - scontento
Urlaub, der - vacanza, la
Vater, der; Papa, der - padre, il;
    papà, il
verängstigte - impaurita
Verbindung, die - connessione, la;
    linea, la
verbringen - trascorrono
verbringt - passa, trascorre
verdienen - guadagnare
verdient - meritato
verfasst - compone
Vergänglichkeit, die - caducità, la
vergaß - dimenticò
vergeben - perdonare, perdonato

vergehen - passare
vergessen - dimenticato
vergeuden - sprecare
vergisst - dimentica
Vergnügen, das - piacere, il
vergnügt - contenta, felice
verhält - si comporta
verheiratet - sposati
verjagt - scaccia
verkaufen - vendere
Verkäufer, der - venditore, il
Verkäuferin, die - commessa, la
verkauft - venduti
Verkehrsmittel, die - mezzi di
    trasporto, i
verlassen - lasciato
verlaufen - perdersi
Verlegenheit, die - imbarazzo, l'
verliebte sich - si è innamorata
verlieren - perdere
verlockend - invitante
Verlust, der - perdita, la
vermisst - sente la mancanza di
Vermittlung, die - centralino, il
vernünftig - sensate
verpflichtend - obbligatorio
verschiedene - diverse
verschließt - chiude
verschmitzt - furbo
versehentlich - accidentalmente
verstand - capì; capito
Verstand, der - intelligenza, l'
Verstand, der - mente, la; ragione,
    la
verständlich, leicht - chiaro;
    scorrevole
versteht - capisce
Versuch, der - tentativo, il
versuchen - tentare
versucht - tenta
Verwandte, der - parente, il

verwechselt - confuso
verwendet - utilizzando
verwirrt - sconcertata, confusa
Verwirrung, die - confusione, la
Verzweiflung, die - disperazione,
    la
viel - molto
vielleicht - forse
vier - quattro
vierte - quarto
vierzig - quaranta
Vögel, die - uccelli, gli
voll - pieno
von - da
vor - davanti
vor einem Jahr - un anno fa
vor kurzem - recentemente
vorbei - davanti
vorbeikommt - passa
vorbeischauen - andare a vedere
vorgeschriebenen - prescritti
Vorlesungen, die - lezioni, le
Vorsicht, die - prudenza, la
vorübergehend - tempora-
    neamente
wächst - cresce
wacht auf - si sveglia
Wächter, der - guardiano, il
wählt - compone, sceglie
wahr - vero
während - durante, mentre
Wahrheit, die - verità, la
wahrscheinlich - probabilmente
Wald, der - bosco, il
wann - quando
war - era
war nicht - non era
wärst - fossi, saresti
warten - aspettare
wartet - aspetta
warum - perché

was - cosa
wäscht - lava
Wasser, das - acqua, l'
Wasserhahn, der - rubinetto, il
weg - sparita, via
wegwerfen - gettare via
weh tun - fare male
weigert - si rifiuta
Weihnachten, das - Natale, il
weil - perché
weinen - piangere
weiseste - più saggio in assoluto
weiß - bianco, sa
weit - lontano, distante, molto
weiter - più avanti
welche - quale
wenn - se
wer - chi
wertvoll - prezioso
Wetter, das - tempo, il
    (metereologico)
wichtige - importante
wie - come
wiederbeleben - resuscitare,
    rianimare
wiederholt - ripete
wild - ferocemente
will - vuole
wir - noi
wird - diventa
wird gehört - viene sentito
wird gerade repariert - è in
    riparazione
wird ohnmächtig - sviene
wird sichtbar - è visibile
wirklich - davvero
Wissen, das - sapere, il
wissend - sapendo
wo - dove, in cui
Woche, die - settimana, la

Wochenende, das - fine
    settimana, il
Wohnung, die - appartamento
Wohnzimmer, das - salotto, il
wollen - volere
Wort, das - parola, la
wunderbar - meraviglioso
wundert - meraviglia
wurde - divenne
würde lassen - lascerebbe
wurde ohnmächtig - svenne
Wurst, die - salame, il; affettati, gli
wusste - ho saputo, sapevo
Wut, die - rabbia, la
wütend - furioso, arrabbiata
Zahn, der - dente, il
Zahnarzt, der - dentista, il
Zahnklinik, die - clinica
    odontoiatrica, la
Zahnschmerzen, die - mal di
    denti, il
Zaun, der - steccato, lo;
    staccionata, la
Zehenspitzen, die - punte dei
    piedi, le
zehn - dieci
zehnte - decimo
zeigt - indica, mostra
Zeit, die - tempo, il (cronologico)
Zeitraum, der - periodo, il

Zeitschriften, die - rivista, la
Zeitung, die - giornale, il;
    quotidiano, il
Zentimeter, die - centimetri, i
Zentrum, das - centro, il
zerriss - strappò
zerstören - rovinano, distruggono
Zeus - Zeus
zieht - tira
ziemlich - piuttosto
Zigarette, die - sigaretta, la
Zimmer, das - stanza, la
zögerlich - timidamente
zu - verso
zubereite - preparo
zudem - inoltre
zufällig - per caso
zufrieden - soddisfatto
zufriedene - soddisfatto, contento
Zug, der - treno, il
Zuhause, das - casa, la
zurechtkommen - cavarsela
zurück - indietro
zusammen - insieme
Zustelldienst, der - servizio di
    consegna, il; corriere, il
zwanzig - venti
zwei - due
zweifeln - dubitare
zweite - secondo

Buchtipps

Das Erste Italienische Lesebuch für Anfänger

Stufen A1 A2
Zweisprachig mit Italienisch-deutscher Übersetzung

Das Buch enthält einen Kurs für Anfänger und fortgeschrittene Anfänger, wobei die Texte auf Deutsch und auf Italienisch nebeneinanderstehen. Die Motivation des Schülers wird durch lustige Alltagsgeschichten über das Kennenlernen neuer Freunde, Studieren, die Arbeitssuche, das Arbeiten etc. aufrechterhalten. Die dabei verwendete Methode basiert auf der natürlichen menschlichen Gabe, sich Wörter zu merken, die immer wieder und systematisch im Text auftauchen. Sätze werden stets aus den in den vorherigen Kapiteln erklärten Wörtern gebildet. Die Audiodateien sind online inklusive erhältlich.

Das Erste Italienische Lesebuch für Anfänger Band 2

Stufe A2 Zweisprachig mit Italienisch-deutscher Übersetzung

Dieses Buch ist Band 2 des Ersten Italienischen Lesebuches für Anfänger. Die dabei verwendete Methode basiert auf der natürlichen menschlichen Gabe, sich Wörter zu merken, die immer wieder und systematisch im Text auftauchen. Sätze werden stets aus den in den vorherigen Kapiteln erklärten Wörtern gebildet. Die Audiodateien sind online inklusive erhältlich.

Das Zweite Italienische Lesebuch

Zweisprachig mit Italienisch-deutscher Übersetzung

Stufen A2 B1

Ein Privatdetektiv ist hinter der Frau her, die er liebt. Ehemaliger Luftwaffenpilot, entdeckt er einige Seiten in der menschlichen Natur, mit denen er nicht zurechtkommen kann. Das Zweite Italienische Lesebuch ist ein zweisprachiges Buch für die Stufen A2 und B1. Die dabei verwendete Methode basiert auf der natürlichen menschlichen Gabe, sich Wörter zu merken, die immer wieder und systematisch im Text auftauchen. Die Audiodateien sind online inklusive erhältlich.

Erste Italienische Fragen und Antworten für Anfänger

Zweisprachig mit Italienisch-deutscher Übersetzung Stufen A1 A2

Das Buch enthält einen Kurs für Anfänger und fortgeschrittene Anfänger, wobei die Texte auf Deutsch und auf Italienisch nebeneinanderstehen. Die Lektionen sind in zwei Blöcke unterteilt: zweisprachige Texte und Verständnisfragen zu den Gesprächsinhalten. Das Buch enthält einige einfache Beispiele für Fragen und Antworten im Italienischen. Die dabei verwendete Methode basiert auf der natürlichen menschlichen Gabe, sich Wörter zu merken, die immer wieder und systematisch im Text auftauchen. Sätze werden stets aus den in den vorherigen Kapiteln erklärten Wörtern gebildet. Die Audiodateien sind online inklusive erhältlich.

www.ingramcontent.com/pod-product-compliance
Lightning Source LLC
Chambersburg PA
CBHW081359130726
47998CB00011B/3015